阅读推广人系列教材（第四辑）

中国图书馆学会　编
王余光　霍瑞娟　李东来　总主编

中小学图书馆建设
与阅读推广

主　编　宫昌俊
副主编　曹　磊

Constrution and
Reading Promotion of
Middle and Primary
School Libraries

朝华出版社
BLOSSOM PRESS

图书在版编目（CIP）数据

中小学图书馆建设与阅读推广 / 宫昌俊主编 . -- 北京：朝华出版社，2020.5

阅读推广人系列教材 . 第四辑

ISBN 978-7-5054-4488-1

Ⅰ . ①中… Ⅱ . ①宫… Ⅲ . ①中小学—学校图书馆—建设—教材 Ⅳ . ① G258.69

中国版本图书馆 CIP 数据核字（2019）第 089845 号

中小学图书馆建设与阅读推广

主　　编　宫昌俊
副 主 编　曹　磊

选题策划　张汉东
责任编辑　刘小磊
特约编辑　孙　开
责任印制　张文东　陆竞赢

出版发行　朝华出版社
社　　址　北京市西城区百万庄大街 24 号　　　　邮政编码　100037
出版合作　（010）68995593
订购电话　（010）68996050　68996618
传　　真　（010）88415258（发行部）
联系版权　zhbq@cipg.org.cn
网　　址　http://zhcb.cipg.org.cn
印　　刷　文畅阁印刷有限公司
经　　销　全国新华书店
开　　本　710mm×1000mm　1/16　　　　　字　　数　210 千字
印　　张　13.5
版　　次　2020 年 5 月第 1 版　　2020 年 5 月第 1 次印刷
装　　别　平
书　　号　ISBN 978-7-5054-4488-1
定　　价　45.00 元

阅读推广人系列教材
编委会

总 序

由中国图书馆学会（以下简称"中图学会"）主持编写的丛书"阅读推广人系列教材"，是中图学会"阅读推广人"培育行动的一部分。

自 2005 年中图学会设立科普与阅读指导委员会（2009 年更名为"阅读推广委员会"）以来，各类型图书馆逐步重视开展阅读推广活动，并取得了丰硕的成果。在阅读推广过程中，很多图书馆面临不少问题，其中没有适合从事阅读推广的馆员是一个重要问题，而这对图书馆阅读推广活动能否持续、有效、创新地开展，将产生重要的影响。

鉴于此，中图学会阅读推广委员会于 2013 年 7 月，在浙江绍兴图书馆举办了"首届全国阅读推广高峰论坛"。这一论坛的目的是为图书馆免费培训阅读推广人，造就一支理念新、专业强、技能高的阅读推广人才队伍。首届论坛获得了图书馆界同人极高的评价。此后，在 2014 至 2015 年，中图学会阅读推广委员会又在常熟、石家庄、镇江、成都、临沂举办了五次免费培训，都取得了良好效果。

在绍兴阅读推广人培训之后，中图学会阅读推广委员会便着手考虑培训的专业化与系统性。为了更好地将阅读推广人培训工作顺利推进，委员会于 2014 年 7 月为中图学会制定了《培育阅读推广人行动计划（草案）》。该草案分四个部分：前言、培训课程体系与教材、专家组织、考核与能力证书授予等。关于阅读推广人，"前言"中写道：

"阅读推广人"是具有一定资质，可以开展阅读指导、提升读者阅读兴趣和阅读能力的专业与业余人士。

全民阅读、阅读推广，是立足中国文化、提高中华民族素质与竞争力的重要举措，近两年来受到政府与社会的广泛关注。为了推动全民阅读工作规范有效开展，培训"阅读推广人"，则是十分重要与必要的，也是很多机构，如学校、图书馆、大型企业、宣传部门十分需要的。

中国图书馆学会长期以来开展阅读推广活动，积累了丰富的经验，并拥有一批该领域的专家学者，从事全民阅读与阅读推广研究，他们承担课题或从事教育培训，取得了一定的成果，为进一步开展"阅读推广人"的培训、资格认证提供了重要的基础。作为以促进全民阅读，为读者终身学习提供保障为目标和社会责任的图书馆，应当成为阅读推广人培养与成长的摇篮。

中国图书馆学会为了更好地帮助图书馆、学校、大型企业、宣传部门等机构开展阅读推广工作，将阅读推广人培训作为自己一项长期工作。为了培训工作更好与规范地开展，特制订《培育阅读推广人行动计划》。参加培训的学员，通过一定的考核，中国图书馆学会将授予学员"阅读推广人"资格证书。

2014年12月11日，中图学会阅读推广委员会举办的"全民阅读推广峰会暨'阅读推广人'培育行动启动仪式"在常熟图书馆举行。会上，中图学会正式启动"阅读推广人"培育行动。

在"阅读推广人"培育行动中，教材的编写成为首要任务。这套"阅读推广人系列教材"是国内首套针对阅读推广人的教材。由于没有相关的参考著作，教材可能还存在一些不足。在今后使用过程中，对教材中存在的问题与不足，主编将做进一步的修订与完善。这套教材的问世，对中国阅读推广人的培育将发挥积极的推动作用。

"阅读推广人系列教材" 编委会

前　言

中小学图书馆承担着为教师和学生服务的双重任务。近年来，随着国家一系列政策文件的出台 ，我国的中小学图书馆事业保持了发展的势头。在这种情况之下，我们有必要高度关注中小学图书馆的建设发展和阅读推广。

全书按照总分的结构展开。第一讲全面概述国内外中小学图书馆的发展概况，通过解读相关文件，明确中小学图书馆的职能定位，同时也指出目前我国中小学图书馆发展中存在的问题以及解决的对策。第二、三讲重点阐述中小学图书馆的运营管理，分为业务建设和日常管理两部分。业务建设包括文献资源建设、技术建设、馆舍与设备建设、馆际联盟等内容，日常管理分为规章制度、人员管理、统计与评估等内容。第四、五讲主要围绕阅读推广的理论和实践两个层面叙述。理论层面介绍阅读推广的相关理论、主要理念和策略方法，实践层面介绍阅读推广活动的类型、案例和操作。第六、七讲从社会合作和国际发展的角度开展论述。社会合作包括意义与策略、与公共图书馆的合作，与其他机构的合作等内容。国际发展以日本和美国为例，对比我国中小学图书馆事业，从中寻求一些启示和经验。

本书的内容有以下特点：

第一，编写组高度关注教材的可操作性。在编写过程中，编写组有一个统一的标准，即要努力将各类具有借鉴意义的案例融入各章节之中。因为阅读推广离不开实际的操作，只有将各种理念与方法落地，才能开花结果。

第二，编写组希望中小学图书馆能加强与社会各方面的合作。近几年，国家出台了一系列政策文件，推动和扶持中小学图书馆阅读事业的发展。外部环境的改善，有利于中小学图书馆事业的发展。在改革开放进入深水区的今天，在社会主义文化繁荣兴盛的今天，中小学图书馆可以借助更多的资源和力量。当然，一个行业要有所发展，更需要自身的奋发图强。

第三，编写组尽可能加入具有国际视野的内容。美国、日本等国家的中小学图书馆事业操作与实践，有很多可以成为我国中小学图书馆事业的借鉴。因此，编写组也在不少章节中加入了一些国外的案例，希望能起到举一反三、抛砖引玉的功效。

本教材是在研究和探索我国中小学图书馆事业的基础上撰写而成的，由于编写者水平有限，难免存在疏漏和问题。欢迎社会各界，尤其是中小学图书馆领域的专家学者和从业人员批评指正，以此推动我国中小学图书馆事业及其理论研究水平的提升。

宫昌俊

2019 年 1 月

目 录

第一讲

发展综述

第一节　发展概况

一、国外中小学图书馆的发展——以美日为例

世界上最早的图书馆，可以追溯到五六千年前的两河流域。苏美尔文明时期，当地的人们已经通过学校培养书吏。从挖掘的情况看来，在这些学校遗址发现了不少泥板书。而苏美尔语将学校称作"泥板书屋"[①]，也印证了学校和图书的关系。当然，在那个久远的年代，这些图书馆的性质非常复杂，可能是档案馆，还可能是寺庙、王宫的附属机构，总之，不是近现代意义上的中小学图书馆。近现代意义上的中小学图书馆事业，是随着近现代教育事业的发展而逐步产生发展起来的。

（一）美国[②]

在美国，中小学图书馆被称为"School Libraries"，即学校图书馆。美国学校图书馆的发展历史较为悠久。1743年，美国著名思想家本杰明·富兰克林提出了建立学校图书馆的构想。1827年，纽约州州长克林顿提议，在每所学校安置

---

① 冯慧娟.巴比伦文明［M］.长春：吉林出版集团有限责任公司，2015：100.

② Cole，Tom J. The Origin and Development of School Libraries［J］. Peabody Journal of Education，1959，37（2）：87–92.

一个小型图书馆，这一提案直到 1835 年才被通过。当时的法律不是强制性的，由该州各地区自行选择，因此法案的实施并不理想。继任州长马西提出，给予学校图书馆资金支持。这一法案在 1839 年正式通过，短期内取得了一定的成绩，不过持续时间并不长。1837 年，马萨诸塞州和密歇根州根据纽约州法案，制定了本州的学校图书馆法案。此后，美国各州先后制定了学校图书馆的法规文件。1876 年，美国各地 19 个州颁布学校图书馆法规以促进公立学校图书馆的发展。很快，以地区为基础的学校图书馆很快就被由地方政府依靠税收建立和维护的公共图书馆所取代。公共图书馆的迅速扩展促进了学校图书馆的新发展。学校利用公共图书馆提供的团体借阅的这一方式，为学生提供了广泛阅读的机会和资源。

随着美国图书馆事业的发展，学校图书馆和公共图书馆的发展有了长足的进步。到了 1892 年，克利夫兰公共图书馆员专门论述了两者的合作关系。1896 年，美国教育协会成立了学校图书馆委员会。这一委员会的成立是在美国图书馆协会理事长达纳的极力推动下成立的。达纳还推动了美国图书馆协会和新成立的学校图书馆委员会的合作。从 1900 年开始，美国学校图书馆事业进入了一个全新的阶段。学校图书馆自成一体，被认为是美国教育系统中非常重要的一部分，图书管理员通常是教师中素质最高的成员。1914 年，美国图书馆协会成立了学校图书馆分会。

二战后，随着《国防教育法》与《初等和中等教育法》的颁布，美国中小学图书馆有了全面的发展。

（二）日本 [①]

在日本，中小学图书馆被称为"学校图书馆"，这一名词的出现，最早可以追溯到 1905 年。在这一年，宫城师范学校附属小学正式设立了以"学校图书馆"为名的图书馆。

1859 年，江户幕府末期的开明政治家及海军负责人胜海舟在其任职的军舰操练所和神户操练所创办了图书室，这是日本近代意义上中小学图书馆的起点。1869 年，明治政府创办的海军兵学寮设立了阅览室，制定阅览规则，设有图书账册和出纳账册，还配备了 2 名管理人员，初具近代图书馆的规模。

随着日本走向军国主义扩张的道路，刚刚起步的日本学校图书馆事业沦为军

---

① 沈丽云．日本图书馆概论［M］．上海：上海科学技术文献出版社，2010：90-92.

国主义的附属事业。日本发动的军国主义侵略战争全面摧毁日本的经济社会，到二战结束的时候，日本学校图书馆事业基本处于荒废状态。

二战之后，日本社会在美国的主导下开始了民主改革，教育事业改革是民主改革的重点领域之一。1953 年，《学校图书馆法》正式通过，开启了学校图书馆事业战后发展的新纪元。以《学校图书馆法》为核心，日本建立起了一整套完整的法律法规体系。在全国学校图书馆协议会的指导和引领下，日本学校图书馆在学校教育中发挥了基础性作用，是学校的读书中心和信息中心，也是学校教育的核心设施。

二、我国中小学图书馆事业的发展演变

（一）近代的发展

我国中小学图书馆事业的源头，可以追溯到古代的书院藏书。一方面书院开展教学事业，师生研讨学问，都离不开图书资源。书院藏书楼发挥的作用与中小学图书馆极为类似。另一方面，私塾藏书也是中小学图书馆事业的来源之一。

洋务运动中，一批西式学堂在中国的部分城市建立。这些新兴形态的教育机构，教授与传统书院及私塾全然不同的课程，使用的课本也不是传统的四书五经。这一时期，由于西式学堂处于刚刚引进的阶段，尚未严格区分出大学、中小学等不同层次的教育机构。这些教育机构的师资力量和课本资源大都是从西方引进的。为了完成学业，必然需要建立符合西式教育的阅览室等附属设施。比较著名的西式学堂如同文馆，也称京师同文馆，建于 1862 年，起初是清政府培养官方涉外翻译人员的学校。1869 年，总教习丁韪良改革课程，制定八年课程计划，同文馆转变为具有中学教育性质的综合性学校。在 1887 年，同文馆就已有专用的藏书阁 ①。外国人士在中国创办的各类中小学校，也都采用了西方图书馆的形式，比如 1884 年在北京创办的汇文学校图书馆就是一例 ②。

光绪二十七年（1901 年）湖广总督张之洞和两江总督刘坤一联名上书，重

---

① 吴晞. 从藏书楼到图书馆［M］. 北京：书目文献出版社，1996：53.
② 中小学校图书馆［EB/OL］.［2018–11–28］. https://baike.baidu.com/item/%E4%B8%AD%E5%B0%8F%E5%AD%A6%E6%A0%A1%E5%9B%BE%E4%B9%A6%E9%A6%86/3275247.

新提出书院改学堂。八月初二（1901 年 9 月 14 日），上谕称："著各省所有书院，于省城均改设大学，各府及直隶州均改设中学堂，各州县均改设小学堂"①。1902 年，清政府颁布《钦定学堂章程》，标志着我国近代教育的制度化。章程中的《钦定小学堂章程》和《钦定中学堂章程》具有设立藏书室的内容。《钦定小学堂章程》第四章第五节规定"小学堂应备有藏书室……"②，《钦定中学堂章程》也有类似的规定。此后通过的《奏定学堂章程》等文件，均要求中小学堂设置图书室或藏书室。在此之后，大部分省区基本上实现了书院改学堂的要求。于是，近现代形态的中小学图书馆事业，在清末及民国初年逐步出现在中国局部地区。1949 年上海解放前夕，据不完全统计，全市中小学校（包括少数职业学校和初级师范学校）图书馆共有 59 所，其中中学图书馆 52 所，藏书量 549056 册；小学图书馆 7 所，藏书量 29963 册，合计 579019 册③。

　　整体而言，在 1949 年以前，中国中小学图书馆虽然已经起步，但仍旧是新生事物，仅局限在东部沿海的部分地区。这同当时半殖民地半封建社会的性质是相一致的。中小学图书馆的发展，说到底是社会发展程度的体现，没有现代化的中国，就不会有现代化的教育事业，更不会有现代化的中小学图书馆。

（二）1949 年以来

1.1949 年至 1978 年 ④

　　中华人民共和国成立后，中小学校图书馆随着教育事业不断发展起来。1949 年到 1966 年，我国的中小学图书馆事业整体处于稳定发展时期。1956 年，教育部出台《关于指导小学生阅读少年儿童读物的指示》，要求为中小学生提供更多的阅读场所，引导他们在多读书、读好书的活动中开阔视野、增长知识、陶冶情操、健康成长。1963 年，教育部发出通知，明确"各厅、局与财政厅商量，注意今后中小学多安排一些图书经费（在杂费收入中也可适当调剂一部分），既可能按用款计划拨款，使学校能有计划地订购各种必需的图书"。1966 年到 1976

---

① 王炳照.中国古代书院［M］.北京：中国国际广播出版社，2009：157.
② 舒新城.中国近代教育史资料［M］.北京：人民教育出版社，1961：415，.
③ 朱庆祚.上海图书馆事业志［M/OL］.［2018-11-28］.http://www.shtong.gov.cn/node2/node2245/node4457/node55858/node55863/node55865/userobject1ai41642.html.
④ 吉士云，芮国金.我国中小学图书馆事业历史发展现状［J］.中小学图书情报世界，2004（3）：3-11.

年，由于"文化大革命"的影响，我国的中小学图书馆事业整体处于混乱停滞状态，中小学图书馆的正常工作、馆藏文献和员工队伍均出现了不同程度的倒退和破坏现象。

2. 改革开放以来①

1981 年 5 月，文化部、教育部、共青团中央联合召开全国少年儿童图书馆工作座谈会，这是新中国成立以来首次全国性的少年儿童图书馆专门会议。会后，国务院办公厅转发了《关于全国少年儿童图书馆工作座谈会的情况报告》（国办〔1981〕62 号文件）。报告提到："各地要加强领导，从当地情况出发做出规划，分期分批进行中小学图书馆（室）的恢复和建设。建议各地在分配普通教育经费时，应按学生（或班级）书目，安排一定数量的图书购置费。……小学也要逐步建立和充实图书馆（室）。"同年 6 月份，教育部转发了《天津市中小学图书馆（室）暂行工作条例》。

1981 年到 1987 年，重庆、天津、上海、南京、延吉、哈尔滨、湖州等地先后制定了中小学图书馆条例（试行草案）。1989 年，原国家教委颁发了《关于中小学图书馆工作若干意见》，这些文件对区域性促进中小学图书馆事业建设起到了很大推动和指导作用。

1989 年 1 月，原国家教委在北京召开了全国中小学图书馆工作会议。会议讨论和研究了中小学图书馆工作亟需解决的一些问题，交流了图书馆工作经验，并对《中小学图书馆工作暂行条例（讨论稿）》进行了讨论。这是新中国成立以来召开的第一次全国性中小学图书馆工作会议。

1990 年，原国家教委成立条件装备司，下设图情处，负责大、中、小学的图书馆日常管理。不久，条件装备司成立了中小学图书馆工作委员会常设机构。1991 年 8 月 29 日，原国家教委正式颁布《中小学图书馆（室）规程》（以下简称《规程》）对中小学图书馆（室）的性质、地位、作用、规模、办馆标准等都作了明确的规定，这是中小学图书馆事业高速发展的历史性的里程碑。从此以后，全国各省（市、自治区）、市（地）和县（市、区）都相继建立健全了中小学图书

---

① 吉士云.三十年的改革三十年的辉煌——中小学图书馆事业改革开放三十年来建设成就记略[J].中小学图书情报世界，2008（5）：5–13.

馆（室）主管部门、装备部门、图工委，有的地方还成立了相关的学会、协会或专业委员会，采取制定相关文件（如细则、条例、标准、规划、制度等）、检查验收、评审、评估等措施，推动了中小学图书馆事业全面发展。例如，1991 年，北京市教育局规定了中小学图书馆藏书的生均最低标准，并进行达标情况的检查。根据 1990 年的统计，建有图书馆（室）的中学比例约为 40%，建有图书馆（室）的小学比例约为 20%。

1993 年 9 月，原国家教委条件装备司和全国中小学图工委创办并公开发行《中小学图书情报世界》。中小学图书馆事业首次有了自己的理论交流刊物。

2000 年，教育部发布《关于在中小学实施"校校通"工程的通知》和《中小学信息技术课程指导纲要（试行）》，为中小学图书馆（室）实现现代化管理创造了有利的条件和契机。到 2004 年，全国中小学校建有图书馆（室）的学校数为 234825 所，其中小学 177015 所，中学 57810 所（其中初中 46440 所，高中为 5286 所，完全中学 6084 所），建馆率达到 52.87%，其中，经济比较发达的沿海地区建馆率已达到 80% 以上。

3. 新世纪以来发展 [①]

进入新世纪以来，我国的中小学图书馆事业得到了进一步发展。根据《2013 年度全国中小学图书馆基础数据》一文，近年来，中小学图书馆在馆舍和藏书等领域出现了持续发展的势头。

2013 年，全国小学图书馆馆舍总面积 1512.57 万平方米，中学图书馆馆舍总面积 2434.97 万平方米。在馆藏图书方面，2013 年，全国小学图书馆馆藏图书总量 177087.66 万册，全国中学图书馆馆藏图书总量 199250.04 万册，其中城区中学馆藏图书总量 74623.87 万册。

2013 年，全国小学图书馆平均生均册数为 18.92 册，2013 年平均生均册数比 2012 年略有下降，降幅为 0.42%。全国中学图书馆平均生均册数为 28.97 册，不符合《中小学图书馆规程》（当时）规定的二类标准。

---

① 2013 年度全国中小学图书馆基础数据［J］. 新华书目报（图书馆报），2015，（13）.

三、影响中小学图书馆事业发展的因素

纵观世界各国中小学图书馆的起源和发展，即使是发达国家，其中小学图书馆事业也基本是从工业革命之后逐步发展起来的。尤其是第二次世界大战之后，各国的中小学图书馆事业才得到普及，形成全国范围内的网络体系，成为学校教育事业的重要组成部分，与公共图书馆、学术图书馆等共同成为各国图书馆事业的重要组成部分。

从各国的例子也可以看出，中小学图书馆事业的发展会受到该国社会经济文化事业大环境的影响。具体而言，图书馆行业的发展、教育事业的发展以及政府政策的支持是三大重要因素。

图书馆行业的发展为中小学图书馆事业提供了理论支撑、行业支持和人才保障。除了整个行业的发展之外，中小学图书馆行业组织的作用非常重要。日本全国学校图书馆协议会（School Library Association，简称全国 SLA），是日本中小学图书馆的行业组织，成立于 1950 年。全国 SLA 已经形成了覆盖全日本的组织体系，共有 61 家地方分支机构。全国 SLA 推动日本中小学图书馆事业发展的主要举措体现在三个方面：一是制定行业文件[①]。全国 SLA 通过的《学校图书馆宪章》是日本中小学图书馆行业的基本立足点，从理念、职能、职员、资料、设施和运营等方面，简明扼要地提出了发展中小学图书馆的希望和要求。全国 SLA 还制定了中小学图书馆的各类业务标准，分别是馆藏建设标准（4 项）、设施设备标准（2 项）、评估工作标准（2 项）、馆员培训标准（1 项）、活动指导标准（1 项）、残障人士服务指导文件（1 项）。二是组织研究培训[②]。全国 SLA 举办的重点活动有全国学校图书馆研究会（隔年开展）、地区学校图书馆研究会（与全国研究会交错隔年开展）、学校图书馆专业馆员研究会、学校图书馆暑期研究会、学校图书馆有关课程、大学授课教师研究会、国内学校图书馆研究考察、国外学校图书馆研究考察等。全国学校图书馆研究会是日本中小学图书馆的全国大会，由全国 SLA、主办地 SLA 和主办地的各级教委共同主办，文部科学省等机关则是支持力量。大会一般为期 3 天，根据研究重点和主题，设置 100 个以上的分会场。除

---

① 全国 SLA 制定の各種基準 [EB/OL]. [2018–11–28]. http://www.j-sla.or.jp/material.
② 全国学校図書館研究大会 [EB/OL]. [2018–11–28]. http://www.j-sla.or.jp/seminar/about/post-67.html.

了各种研讨交流活动外，研究大会还会组织现场考察等场外活动。一般每次大会的与会者人数都在2500~3000人。三是进行行业调查统计①。全国SLA开展的统计调查活动主要有两项，一是学校图书馆的基本情况调查，二是联合日本每日新闻社开展的一年一度的"读书调查"。

教育事业的发展是关系中小学图书馆事业功能定位、发展方向的决定因素。1876年，美国图书馆事业发展史上出现了三个重要的事件，促进了公共图书馆和学校图书馆的发展②。第一，美国政府发表了第一份关于图书馆历史、现状和管理的报告；第二，在费城成立了美国图书馆协会；第三，美国《图书馆杂志》创刊。与图书馆界发生重大变革的同一时期，美国教育领域的某些变化也推动了学校图书馆发展。当时，教育界出现了全新的阅读理念，不再采用瑞士教育学家佩斯特拉齐的教学方法，探寻全新的阅读教育方式，因此需要为高年级学生提供更加广泛的阅读材料。随着教学方法的改变，教学目标也发生了改变，即学习阅读的主要功能是促进学生对阅读的永久兴趣，指导他们如何赏析阅读材料。这些变化对学校图书馆服务提出了更高的要求。随着德国教育学家赫尔巴特教育思想的传播，其强调历史、文学作品对学生人格培养重要性的论述，也对学校图书馆发展产生了重要影响。由于学校图书馆直接为学校教育服务，因此教育事业的发展变化，对于学校图书馆的影响非常直接和显著。

政府政策的支持为中小学图书馆事业的发展提供了扎实的法律法规基础。1999年公布的《中小学图书馆宣言》明确指出"应力促政府——通过其负责教育的官员——发展战略、政策和计划"③来推动中小学图书馆事业的发展。以日本为代表，国际上不少国家都有专门的中小学图书馆法律。日本在1953年制定了《学校图书馆法》，并围绕该法颁布了众多政策文件，形成了学校图书馆法律体系。除了《学校图书馆法》之外，《关于推进儿童读书活动的法律》和《文字、活字文化振兴法》等推动全民阅读事业的法律也明确了学校图书馆的地

---

① 调查·研究［EB/OL］.［2018–11–28］. http：// www.j–sla.or.jp/material.

② Cole，Tom J. The Origin and Development of School Libraries［J］. Peabody Journal of Education，1959，37（2）：87–92.

③ 邢素丽.全民教育中的中小学图书馆—国际弤联 / 联合国教科文组织中小李图书馆宣言［J］.中小学图书情报世界，2001（1）：7–8.

位和作用 [①]。不少国家没有专门为中小学图书馆制定法律，而是通过教育法、图书馆法等相关法律对中小学图书馆事业加以规范和促进。瑞典的《图书馆法》将包括中小学图书馆在内的各类型图书馆都囊括在内 [②]。1996 年法案第五条明确"中小学校和高中应当设置分布合理的学校图书馆"，第八条明确"公共图书馆和学校图书馆应当关注残疾人士、移民人士和少数民族"，第九条明确"公共图书馆和学校图书馆应当关注儿童和青少年，培养他们的语言能力和阅读兴趣"。2013 年法案第十条明确，"学生应在各级各类中小学接受图书馆服务"。此外，瑞典的《学校法》也有关于中小学图书馆的内容。

第二节　职能定位

一、《中小学图书馆宣言》

1980 年，国际图书馆协会联合会（以下简称国际图联）在马尼拉发布了《中小学校图书馆宣言》。1980 年 12 月，该宣言由联合国教科文组织正式发布。1999 年，联合国教科文组织与国际图联发布了修订后的《中小学图书馆宣言》（以下简称《1999 年宣言》），使之符合时代发展的要求，全面阐述了中小学图书馆的各项重要内容，是中小学图书馆事业发展的纲领性文件。

（一）任务

《1999 年宣言》指出，中小学图书馆的任务是为学校的全体成员提供学习服务、图书和信息资源，使他们成为有批判精神的思想者和各种形式、媒介的信息的有效用户。也就是说，中小学图书馆通过提供服务、图书和信息资源，培养师生的批判精神和信息素养。中小学图书馆实现这一任务，就要遵循以下要求：

1. 遵守联合国教科文组织《公共图书馆宣言》的原则，同广大的图书馆和信

---

① 曹磊 . 瑞典图书馆法的修订历程［J］. 图书馆杂志，2015（7）：70–76.

② 邢素丽 . 全民教育中的中小学图书馆—国际图联 / 联合国教科文组织中小李图书馆宣言［J］. 中小学图书情报世界，2001（1）：7–8.

息网络相联系；

2. 图书馆与教师共同合作；

3. 必须平等地向学校的全体成员提供，而不论其年龄、种族、性别、宗教、国籍、语言、职业和社会地位，应当对那些不能使用图书馆常规服务和资料的人提供特殊的服务；

4. 获得服务和馆藏应当建立在《联合国人权和自由宣言》基础上，而不应当屈从于任何形式的意识形态、政治或宗教审查，或者商业压力。

（二）经费、法规和网络

这部分内容指明发展中小学图书馆是政府的责任，政府应当从经费、法规等层面加以保障和支持，使中小学图书馆可以开展免费服务。《1999 年宣言》指出，"作为本地、地区和国家权力机构的一项责任，必须以专门的法律和政策对其提供支持。中小学图书馆必须有充足和源源不断的经费用于馆员培训、资料、技术和装备。它们必须是免费的。"

同时，这一部分也明确了中小学图书馆和其他类型图书馆的关系，即要形成共建共享的合作伙伴关系。当然，在合作的过程中"中小学图书馆独一无二的目标必须得到承认和维护"。

（三）目标

《1999 年宣言》提出了中小学图书馆服务的核心目标，主要包括：

1. 支持和增强由学校的任务和课程体现出来的教育目标；

2. 发展和支持学生阅读、求知和终身利用图书馆的习惯和爱好；

3. 为学生提供创造和利用信息积累经验的机会；

4. 向所有学生提供评估和利用各种形态的信息的知识和实践技能；

5. 提供获取任何地区资源的途径，向学习者提供展示各种观念、经验和意见的机会；

6. 组织可以促进文化和能够加强社会意识与敏感性的活动；

7. 与学生、教师、管理者和家长一起努力，完成学校的任务；

8. 提倡知识自由和信息的获取，对于有效负责地行使公民权，以及参与民主是必不可少的；

9. 在整个学校及更大的范围内，促进阅读、获取信息资源和中小学图书馆的服务。

要达成上述目标，中小学图书馆就要"通过发展政策和服务，选择和获得信息资源，提供物质的智力的手段以获得适当的信息源，提供教学设备，雇用训练有素的馆员"，也就是在获得资源的基础上，开展服务。

（四）馆员

实现《1999 年宣言》规定的各项内容，离不开馆员的工作，为此，文件对中小学图书馆员进行了明确的规定。

首先是资格。中小学图书馆员应当具备专业资格，其具体工作内容是"负责中小学图书馆的计划和管理，与整个学校的其他成员共同工作，与公共图书馆和其他机构建立联系"。为了保证工作，中小学图书馆应当有足够的人力支撑。

其次是角色。中小学图书馆员一方面要根据学校的预算、课程和教学方法变化开展工作，另一方面则要积极拓展专业知识领域，比如信息资源、图书馆信息管理和教学等内容。

再次是自我提升。面对不断发展的网络信息社会，中小学图书馆员要能胜任学校的各项任务，就"必须不断地进行职业训练和提高自身"。

（五）运作与管理

《1999 年宣言》提出了中小学图书馆运作与管理的原则，这些原则从学校、行业和社会等层面对中小学图书馆的运作与管理提出了要求。具体内容是：

1. 中小学图书馆的服务方针必须根据学校的相关目标、优先考虑的事项和服务提出；

2. 中小学图书馆必须依据专业标准，组织、维持和发展；

3. 中小学图书馆的服务必须面向全体学校成员，并在本地社区内运作；

4. 必须鼓励教师、学校管理人员、家长、社会团体、其他图书馆员和信息人员的相互协作。

二、《关于加强新时期中小学图书馆建设与应用工作的意见》与《中小学图书馆（室）规程》

（一）《关于加强新时期中小学图书馆建设与应用工作的意见》[①]

2015年5月，教育部、文化部和国家新闻出版广电总局联合印发了《关于加强新时期中小学图书馆建设与应用工作的意见》（以下简称《意见》）。《意见》明确了新时期中小学图书馆的发展定位，针对当前的突出问题，提出了一系列具有针对性的举措。

《意见》指出，"中小学图书馆作为服务教育教学、教育科学研究的重要办学条件，是基本实现教育现代化的重要体现，是均衡合理配置教育资源的重要内容，是广大学生、教师获取信息资源不可或缺的重要途径，是落实立德树人根本任务、全面深化课程改革的重要阵地"，是"学校信息资源高地和师生智慧中心、成长中心、活动中心"，有着"保障教学、服务教学、改善教学，提高学生自主学习能力和终身学习能力，促进教师专业成长和学生全面发展"的重要作用，还具有"服务学习型社会和书香社会建设，完善公共文化服务体系，丰富群众精神文化生活"的深远意义。

这一段文字对中小学图书馆的功能定位有清晰而完整的论述。尤其是信息资源高地和智慧中心、成长中心、活动中心的提法，是国家层面对于中小学图书馆功能的最新提法。这两个提法顺应了信息化、网络化的社会发展趋势，也凸显了中小学图书馆的技术优势和服务职能。

（二）《中小学图书馆（室）规程》[②]

在《意见》的基础上，2018年5月，教育部颁布的全新《中小学图书馆（室）规程》（以下简称《规程》）第三条规定：图书馆是中小学校的文献信息中心，是学校教育教学和教育科学研究的重要场所，是学校文化建设和课程资源建设的重要载体，是促进学生全面发展和推动教师专业成长的重要平台，是基础教育现代

[①] 教育部文化部国家新闻出版广电总.关于加强新时期中小学图书馆建设与应用工作的意见［EB/OL］. http://old.moe.gov.cn//publicfiles/business/htmlfiles/moe/moe_1793/201505/188172.html.

[②] 教育部.中小学图书馆（室）规程［EB/OL］. http://www.moe.gov.cn/srcsite/A06/jcys_jyzb/2018 06/t20180607_338712.html.

化的重要体现，也是社会主义公共文化服务体系的有机组成部分。

从这一条可以看出，《规程》对于中小学图书馆的定位有学校、教育事业和公共文化服务体系等三个层次。整体上，中小学图书馆就是各个学校的文献信息中心。文献信息中心具有多重的功能，包括推动教育教学、教育科学研究、学校文化建设和课程资源建设，促进学生全面发展和推动教师专业成长。中小学图书馆的这些功能，是我国基础教育事业现代化的重要体现。由于中小学图书馆提供着文化教育服务，因此，从广义上来看，也是我国公共文化服务体系的有机组成部分。从现实层面上来看，《公共文化服务保障法》第三十二条明确"国家鼓励和支持机关、学校、企业事业单位的文化体育设施向公众开放"。根据这一法条，中小学图书馆可以在一定条件下向社会公众开放，提供文化服务。从《规程》对于中小学图书馆的定位也可以看出，中小学图书馆不仅是实体机构，也是机制制度。这就进一步强化了中小学图书馆在我国教育事业和文化事业中的重要作用。《规程》第四条明确图书馆的主要任务是：贯彻党的教育方针，培育社会主义核心价值观，弘扬中华优秀传统文化，促进学生德智体美全面发展；建立健全学校文献信息和服务体系，协助教师开展教学教研活动，指导学生掌握检索与利用文献信息的知识与技能；组织学生阅读活动，培养学生的阅读兴趣和阅读习惯。

很显然，中小学图书馆有三项任务。一是关系大局的重大职责，从教育事业的全局高度明确了中小学图书馆的任务，体现了中国特色社会主义教育事业的根本特征，也表明了中小学图书馆是教育事业的重要组成部分。二是重点围绕文献信息资源开展，强调了中小学图书馆构建资源服务体系的重要性，突出了中小学图书馆服务师生、提升其信息素养的任务。三是凸显了阅读的重要性。这与我国倡导全民阅读、倡导书香社会建设的大环境、大氛围密不可分，也是中小学图书馆回归其阅读推广基本职能的体现。

第三节　问题与对策

一、从抽样调查看中小学图书馆事业存在的问题 [①]

《意见》指出，当前中小学图书馆事业发展的突出问题体现为：认识不足、摆位不当，区域、城乡、学校之间建设水平不均衡，管理服务水平不高，与教育教学融合不够，信息化基础薄弱，专业化队伍匮乏等，直接影响中小学图书馆育人功能和综合效益的发挥。

2017 年，教育部教育装备研究与发展中心综合运用问卷调查、半结构化访谈、现场观察等多种研究方法，在全国 6 省（直辖市）169 所中小学校开展调研，系统考察学校图书馆的建设和使用情况。调研组按照经济发展水平和教育经费投入情况划分为三大区域，第一区域选择上海市、浙江省，第二区域选择湖南省、四川省，第三区域选择吉林省、甘肃省，在每个省（市）采取分层抽样的方式，合计抽取 169 所学校进行调查。共回收有效学生问卷 13550 份（有效回收率 95.3%），有效管理员问卷 151 份（有效回收率 90.4%）。

（一）图书馆建设中存在的问题

1. 馆舍面积基本达标，但达标的比率偏低，馆舍环境欠佳

调查中，仅有 1 所小学和 1 所高中没有图书馆。50% 的小学、18% 的初中和 10% 的高中图书馆馆舍面积达到了示范图书馆的标准。调查组发现，多数中小学图书馆使用传统的办公家具，可移动性差，缺少必要的环境设计与布置，不适于开展阅读教学和探索研究活动。

2. 藏书数量与种类不足的学校偏多，藏书质量与结构不够科学合理

藏书量校际差异较大，藏书量不足的学校偏多。有 36% 的小学、31% 的初中和 18% 的高中人均藏书册数达到国家一类标准。若按照相对较低的二类标准，有 80% 的小学、67% 的初中和 35% 的高中人均藏书量达标。中小学图书馆拥有的报刊种类也普遍偏少，有的学校图书馆根本没有任何报纸杂志。在被调

① 刘强，陈晓晨等.中小学图书馆（室）建设与使用现状及改善策略——基于全国 169 所中小学校的调研［J］.中国教育学刊，2018：57–63.

查的各类学校中，20%~30%的图书馆拥有的报刊种类达到国家规定的一类标准，30%~40%的图书馆拥有的报刊种类达到国家规定的二类标准。一些学校的图书馆盲目追求人均藏书量，导致馆藏存在种类单一、内容过时、复本过多等不合理的现象。

3. 信息化基础薄弱，藏书主要以纸质文献为主，电子文献不足

多数学校（63%）仍使用人工借阅的方式，37%的学校图书馆采用了电子借阅，没有任何学校开通校际互借服务。仅有44%的学校图书馆配备了电子阅览室，约40%的学校图书馆拥有数字图书，22%的学校图书馆拥有电子期刊。城市学校电子阅览室的配备率（51%）显著高于农村学校（34%）。

4. 专业化队伍匮乏，管理服务水平不高

有23%的学校没有配备专职的图书馆管理人员。另外，图书馆管理员大多数是"半路出家"，由非图书管理专业的人员承担图书馆工作，科班出身的馆员在样本中所占比例不足3%。图书馆管理员平均年培训次数为1.5次，有近30%的管理员反映他们接受培训的频率低于一年一次或几乎没有图书馆专业相关培训。

（二）图书馆在使用中存在的问题

1. 开放时间普遍较短

仅有37%的学校图书馆开放时间达到了不少于每周40小时的要求。图书馆平均开放时间为每周24.7小时，城市地区学校图书馆的开放时间（26.9小时）显著长于农村学校（21.3小时）。

2. 访问次数和借阅量偏低

有23%的学生表示每周访问图书馆的次数为0次，48%的学生每周访问图书馆的次数为1~2次，22%的学生每周访问图书馆的次数为3~5次，7%的学生每周访问图书馆的次数多于5次。到访图书馆的频率总体上随着学段的升高而下降，借阅量也呈现出随着学段的升高而减少的趋势。不少学生去图书馆的主要目的与阅读关系不大，以"上自习"居多，他们更看中图书馆安静的学习环境。另外，在课外阅读中，应试功利性阅读占据主导地位。

3. 专业化服务不足，育人功能未充分实现

中小学图书馆举办频率最高的活动是"形式多样的读书活动"，有 70.9% 的学校"有时"或"经常"开展此类活动。有 50%~55% 的学校"有时"或"经常"开展图书宣传推荐、编制二次文献和课改专题服务的相关活动。开展频率相对较低的活动是"如何利用图书馆的讲座"，有近 60% 的学校"从不"或"偶尔"开展此类活动，仅有 9.3% 的学校经常举办这类讲座。小学图书馆开展推荐图书和读书活动的频率高于初中和高中。

二、如何应对存在的问题

教育部教育装备研究与发展中心调查组针对发现的问题，提出了具体的对策[①]：

（一）优化馆藏，改善硬件设施，提升信息化水平

优化馆藏，需要从以下三方面入手：一是编制中小学图书馆（室）基础藏书目录和推荐书目。学校应将各级行政部门指定的书目和中小学图书馆（室）藏书分类比例要求作为馆藏的主要参考依据，并结合学校实际，合理配置纸质书刊。二是加强数字资源建设。广泛采集国内外相关资源，统筹纸质资源、数字资源和其他载体资源。三是制订图书复本量标准和增新剔（剔除）旧原则，避免片面追求一次性人均图书册数达标，逐步优化馆藏。

改善硬件设施，要从空间环境、信息系统和数字化技术等方面入手。一是为学生提供充足的阅读空间并创造良好的馆舍环境。中小学图书馆的环境布置应符合青少年儿童的个性特点，色彩鲜明、布局合理、造型优美。学校还可以充分利用走廊、教室等边角空间，设立"图书角"或"图书墙"，创建泛阅读环境。二是建构起电子借还书系统，有条件的学校还可以建立专门的图书馆门户网站，为师生提供读者指南、图书检索与借阅、新书推荐、数字资源访问，以及在线活动报名、在线投票等服务。三是逐步应用数字工具和智能化手段。通过自建和购买电子图书和电子期刊，丰富数字阅读资源。购买电子阅读器、触摸屏、平板电脑

---

① 刘强，陈晓晨等.中小学图书馆（室）建设与使用现状及改善策略——基于全国 169 所中小学校的调研［J］.中国教育学刊，2018：57–63.

等，为学生开展数字阅读提供便利。

（二）丰富服务内容，拓展使用功能

一是开设课程，提升师生的信息素养，促进研究性学习。图书馆应开设文献检索与运用课程，对师生进行文献资源检索运用方法的培训，教授查找运用资料的手段和方法，帮助广大师生利用好图书馆资源。如何指导学生读书、用书是学校阅读工程治理的关键。中小学图书馆（室）也是与课程改革深度融合、开展研究性学习的理想场所。二是开展有针对性的读者活动，激发学生们的阅读热情。知识竞赛、阅读推广讲座、童书"故事会"等都是可以采用的形式。对于年龄较小的学生，还可以将阅读活动与手工制作活动相结合，提高学生的参与度与阅读兴趣。三是开展馆际合作，实现资源共享。重视中小学系统内图书馆间的交流合作，形成中小学图书馆（室）联盟，整合不同图书馆（室）在文献信息、技术设备、人力资源等方面的优势。在加强系统内沟通交流的同时，也应注重与高校图书馆、科研机构图书馆和公共图书馆等外部系统开展必要的合作。

（三）加强图书馆管理员队伍建设，提高图书馆管理员专业化水平

学校要不断提高图书馆（室）专业人员的比例，同时提高工作人员在专业知识技能上的准入标准，实行专业技术职务聘任制。图书馆应根据需要配备专兼职管理人员，并保持稳定性。针对目前中小学图书馆管理员专业技能普遍欠缺的情况，学校还应重视对馆员的继续教育，定期开展培训，并纳入继续教育学分管理。

（四）完善中小学图书馆的督导评估与治理体系

按照《意见》的有关规定，各级教育主管部门要将图书馆纳入中小学建设规划，对中小学图书馆作出合理安排，完善中小学图书馆馆藏资源招标采购办法及实施细则。学校可根据需要设立由校领导、相关职能部门负责人和师生代表组成的阅读指导机构，负责制订学校阅读计划，组织阅读活动的实施，反映师生意见和要求等。在教育督导评估检查中，也应将图书馆的建设与应用工作纳入学校评估考核。

三、有待提升的领域

《意见》针对存在的突出问题，确立了中小学图书馆事业建设的六项重点任务[①]，依次是推进基础条件建设、确保馆藏资源质量、规范馆藏采购机制、不断提高信息化水平、充分发挥育人作用和带动书香社会建设。为了确保这些重点任务得到落实，明确了落实经费保障、强化队伍建设、纳入督导评估和加强组织领导等举措，保障我国中小学图书馆事业向前发展。

上述内容已经很完备地阐述了促进中小学图书馆事业发展的具体举措。对照国外的案例，我国中小学图书馆事业还有一些可以借鉴和学习的地方，主要体现以下几方面：

第一，完善法律法规体系。目前，我国中小学图书馆事业的主要法规文件就是《意见》和《规程》，此外各省市自治区还制定了本地区的标准或文件。整体上来看，法律法规体系还有进一步完善和提升的空间。以日本为例[②]，与《学校图书馆法》相配套，日本有一系列法规法令，主要是关于《学校图书馆法》附则内容说明的政令、《司书教谕讲习规程》和《学校图书馆图书标准》等。其中政令主要对法律中关于学校规模进行了明确的规定。《司书教谕讲习规程》规定了司书教谕获取资格、专业培训的相关内容。《学校图书馆图书标准》制定于1993年，明确了义务教育阶段中小学图书馆的图书配置标准。对比日本可以看出，我国的中小学图书馆需要进一步完善相关法律法规体系，构建起从中央到地方的法律法规体系。有些事项，应当在中央层面加以更清晰地规定，比如，明确中小学图书馆员的资格获取、专业培训、专兼职人员管理等内容，要有定量、合理的要求，不要笼统、模糊地论述。又如，各省都制定了本地中小学图书馆事业的标准和文件，有必要从中央层面加以规范和协调，不应出现各自为政的局面。

第二，发挥行业组织的作用。美国图书馆协会 ALA（American Library Association，简称 ALA）一直以来通过实际行动，从行业和社会的层面推动该

[①] 教育部.共筑学生精神家园促进学生健康成长——教育部等三部门联合印发《关于加强新时期中小学图书馆建设与应用工作的意见》[EB/OL]. http://old.moe.gov.cn//publicfiles/business/htmlfiles/moe/s5987/201506/188293.html.

[②] 曹磊.日本中小学图书馆发展因素探析[J].国家图书馆学刊，2015（3）：65–71.

国学校图书馆事业的发展。2018 年，美国图书馆协会 ALA 发布了一份文件，提出明确的系统性方法，要求 ALA 所有部门和分会以及美国各个类型的图书馆全力支持美国学校图书馆事业的发展①。这份文件是在 ALA 举办的"为学校图书馆奋斗"峰会上制定的。会议由 ALA 理事长吉姆·尼尔主持，邀请了美国学校图书馆、公共图书馆和学术图书馆的行业领袖共同参与。美国学校图书馆理事会（ALA 分会）理事长史蒂文·耶茨说，召开此次峰会，是行业协会领导人相互交流促成的结果。召开这次峰会的目标是希望通过部门会议、圆桌会议以及和不同团体的会面来加强、建立和发展美国各类型图书馆的联盟合作关系，从而推进学校图书馆事业的发展。在峰会上，与会者形成了四点共识，以推动美国学校图书馆的发展，其内容如下：

1. 收集关于学校图书馆员工、资金和认证等方面标准和政策的高质量数据。图书馆要与美国教育部、博物馆和图书馆服务署合作，还要与各州图书馆和教育部门合作，收集当前准确和可操作的数据。图书馆界要盘点这些内容，有针对性地开展改造和提升工程。

2. 向美国社会和专业人士展示学校图书馆引人入胜的故事和信息。学校图书馆改变了很多学生、教师和社区的发展状况，这其中包含着很多值得宣传的故事和内容。ALA 的宣传推广部门将与各州图书馆协会和学校图书馆协会合作，在美国各地以及全国性的纸质媒体、广播和电视与社交媒体上传播学校图书馆的故事，扩大影响力。

3. 理解和支持学校图书馆，通过 ALA 目前正在进行的机构改革这一机会，学校图书馆要加强其与公共图书馆和学术图书馆的合作关系。ALA 将提升学校图书馆在整个协会治理、政策制定和活动中的参与程度。

4. 推动学校图书馆参与 ALA 关于立法和财政经费的政治宣传工作。学校图书馆员和基础教育事业的利益相关者要充分参与 ALA 新政策团队的工作，重点关注选拔和酝酿代表图书馆政策的发言人工作，推进构建覆盖美国所有国会选区的图书馆政治宣传体制，为图书馆争取更多的利益。

---

① ALA.Library leaders identify strategies in "Fight for School Libraries" [EB/OL]. [2018-11-28]. http://www.ala.org/news/press-releases/2018/10/library-leaders-identify-strategies-fight-school-libraries.

从美国图书馆行业协会的行动可以看出，行业协会在推动中小学图书馆事业发展的过程中，可以做的事情很多。结合上文提到的日本全国 SLA 的做法，中图学会中小学图书馆委员会可以有进一步提升的空间。

第三，加强社会合作。除了馆际合作之外，加强与各类社会机构的合作，应该是我国中小学图书馆要高度注意的内容。在美国，学校图书馆与公共图书馆开展合作是极为常见的[①]。美国印第安纳州印第安纳波利斯公共图书馆和学校已经持续了近 150 年的合作关系。19 世纪后期，该市首名学校事务负责人提议公共图书馆为学校提供参考资料。1879 年，公共图书馆在 14 所较大的小学设立了小型参考阅览室。这一做法很受欢迎，便迅速推广到了所有的中小学校。从 1966 年开始，学校自主运营本校的图书馆。1989 年，一位匿名捐赠者向马里恩县学院、该县各家高中图书馆以及印第安纳波利斯公共图书馆捐赠了 2400 万美元（印第安纳波利斯位于马里恩县）。在印第安纳波利斯公共图书馆和原印第安纳州图书馆事业管理部门的领导下，该县高中图书馆与公共图书馆的目录整合到了一起。市图书馆在所有高中图书馆都设置了访问终端，允许学生直接利用其馆藏目录，这就是如今印第安纳波利斯市公共图书馆和学校合作项目"共享系统"的起源。

根据"共享系统"的安排，学校图书馆馆藏的采编工作均由市图书馆完成，其书目信息均可在市图书馆系统中查询。目前整个"共享系统"囊括了 291 所公立、私立的各类型学校以及 2 家博物馆的馆藏目录（第 3 家博物馆的资料正在录入系统的过程中）。教职员工和学生可以访问图书馆的数字资源，或者通过其他学校及图书馆分馆获取纸质图书。教师卡有额外的借阅期限。当然，公共图书馆用户也可以从学校图书馆借阅图书。2017—2018 学年，各所学校图书馆通过"共享系统"流通的馆藏数量达到 31910 件。当这些学校图书馆员花费时间处理"共享系统"的问题时，他们发现本校师生从这一系统中获益匪浅。如此一来，从本校出发画地为牢的思想就被抛弃了。

合作是美国众多学校图书馆必须要做出的选项之一。在美国，不少学校图书

---

① Peet，Lisa.Grade A Partnerships［EB/OL］.［2018–11–28］. https：//www.libraryjournal.com/?detailStory=ljx180901–collaborationpeet.

馆都面临着预算金额、法规变化和其他各种环境因素的压力，最为基础的需求仍旧是在面积广阔的学区范围内，为不同的学生提供广泛而有具有启发性的馆藏资源。美国各地越来越多的公共图书馆与学校图书馆寻找创造性的方法，联手开展合作，共享馆藏，提供资源和服务。许多公共图书馆和学校图书馆的合作有明确的政策和文件，确保可以持续推进合作，促进了学校文化和城市文化的发展。这些合作更好地满足了学生课堂内外不断变化的需求。公共图书馆通过学校图书馆员更好地了解学校的需求，而学校图书馆员关于终身学习及现代技能的理念，也有助于公共图书馆开展工作。

第四，向社会广泛宣传。美国图书馆界长期关注媒体宣传，通过自身和媒体发出属于图书馆自己的声音。这么做是为了展示中小学图书馆的效益和价值，让更多的人认可和支持事业的发展。近年来，美国多地发生了校园枪击案，造成多人死伤。发生在佛罗里达州道格拉斯高中的枪击案中，一名学校图书馆员的勇敢举动，保护了众多学生，其感人事迹通过视频、新闻报道得到了广泛地传播[①]。

2018 年 2 月 14 日，一名枪手闯入了美国佛罗里达州道格拉斯高中，共计造成 17 人死亡、14 人受伤。该校图书馆员戴安娜·哈内斯基共拯救了 55 名学生和其他人员。道格拉斯高中枪击案让大家又注意到了 2012 年 12 月 14 日发生的康涅狄格州桑迪胡克小学发生的枪击案。很神奇的是，在 2012 年的那次枪击案中，哈内斯基的朋友伊冯娜·切赫，拯救了 22 条生命。哈内斯基坦承，她是在得到切赫的启发之后，复制了友人的英雄事迹，拯救了更多的生命。哈内斯基说，有切赫如此一位有着相同经历的亲密朋友，真是令人难以置信的巧合。

这样的新闻报道，让社会真切感受到了学校图书馆员热血勇敢、心地善良的美好形象。这不仅仅是某一个人的闪光点，更是整个学校图书馆员队伍乃至学校图书馆事业的榜样。有了这样的案例，学校图书馆在获取社会支持的时候，就更有说服力和底气。

---

① Pendleton，Kara.Librarian Saves 55 in Parkland Shooting Because of Friend Who Survived Sandy Hook ［EB/OL］.［2018-11-28］. https://www.liftable.com/kara-pendleton/librarian-saves-55-parkland-shoo ting-friend-survived-sandy-hook.

第二讲
业务建设

　　《教育部 文化部 国家新闻出版广电总局关于加强新时期中小学图书馆建设与应用工作的意见》（以下均称《意见》）提出，到2020年，绝大部分中小学要按照国家规定标准建有图书馆。基本建成与深化课程改革、实施素质教育相适应的现代化中小学图书馆建设、管理和服务体系。将图书馆纳入中小学建设规划，对中小学图书馆的功能定位、馆舍面积、配套设施、馆藏保障、资源利用、队伍建设、管理应用等方面做出合理安排[①]。

　　从规模上看，中小学图书馆（室）大多数都是小型图书馆（室）。教育部2018年制定颁发的《中小学图书馆（室）规程》（以下简称新《规程》）规定：中小学图书馆的主要任务是贯彻党的教育方针，培育社会主义核心价值观，弘扬中华优秀传统文化，促进学生德智体美全面发展；建立健全学校文献信息和服务体系，协助教师开展教学教研活动，指导学生掌握检索与利用文献信息的知识与技能；组织学生阅读活动，培养学生的阅读兴趣和阅读习惯[②]。

　　中小学图书馆（室）业务建设应遵循实用性、系统性、特色化、经济性、互补性、共建共享的原则。

---

① 中华人民共和国教育部文化部国家新闻出版广电总局.教育部文化部国家新闻出版广电总局关于加强新时期中小学图书馆建设与应用工作的意见［EB/OL］.［2015-05-20］.http://www.moe.gov.cn/srcsite/A06/jcys_jyzb/201505/t20150520_189496.html.

② 中华人民共和国教育部.教育部关于印发《中小学图书馆(室)规程》的通知［EB/OL］.［2018-05-28］.http://www.moe.gov.cn/srcsite/A06/jcys_jyzb/201806/t20180607_338712.html.

第一节 文献资源建设

一、文献资源建设的要求及藏书量

（一）总体要求

藏书是构成图书馆的基本要素之一，建立富有特色的文献资源体系是中小学图书馆建设的基础，建设质量的好坏，是衡量一个图书馆管理能力、业务水平和工作成就的重要标志。中小学图书馆的特殊之处，在于读者群绝大部分是教师和学生，需要与课程安排、教学计划、教学内容密切相关的文献资料。根据这个特点，我们可以划定重点收藏范围，以学生需求为主，兼顾教师，建立符合中小学图书馆特点的藏书体系。

《意见》提出，为了确保馆藏资源质量，教育、文化和新闻出版部门要积极创造条件组织专家学者、文化工作者和出版发行单位，为中小学生创作更多富有教育性、启发性，符合年龄特点、品种丰富的优质出版物。要加大投入，配齐、配足适合中小学生阅读的各类图书报刊，供师生使用的工具书、教学参考书、教育教学理论书籍和应用型的专业书籍。各地要结合实际，合理确定中小学图书馆藏书复本量标准及馆藏定向补充和剔旧原则。

新《规程》规定了中小学图书馆（室）藏书量。见表 2-1。

表 2-1 中小学图书馆（室）藏书量 [①]

项目	完全中学	高级中学	初级中学	小学
人均藏书量（册）（按在校学生数）	40	45	35	25
报刊（种）	120	120	80	60
工具书、教学参考书（种）	250	250	180	120

（二）江苏省中小学图书馆馆藏标准

见表 2-2、表 2-3、表 2-4。

[①] 中华人民共和国教育部.教育部关于印发《中小学图书馆（室）规程》的通知［EB/OL］.［2018-05-28］.
http://www.moe.gov.cn/srcsite/A06/jcys_jyzb/201806/t20180607_338712.html.

表 2-2 江苏省高级中学图书馆馆藏标准 [①]

项目	数量 \ 轨数	8轨			12轨			16轨		
		Ⅰ类	Ⅱ类	Ⅲ类	Ⅰ类	Ⅱ类	Ⅲ类	Ⅰ类	Ⅱ类	Ⅲ类
最低藏书量≥（万册）		6	4.8	3.6	9	7	5	10	8	6
生均藏书量（册）		50	40	30	50	40	30	50	40	30
年生均新增图书（册/人）		1.5	1	0.5	1.5	1	0.5	1.5	1	0.5
年生均购书支出经费≥（元/人）		24	15	7	24	15	7	24	15	7
报刊种类≥（种）		180	150	120	200	180	160	240	220	200
工具书≥（种）		220	200	180	240	220	200	300	280	260
文学艺术类图书占馆藏总量(%)		≤ 35			≤ 35			≤ 35		
自然科学类图书占馆藏总量(%)		≥ 28			≥ 28			≥ 28		

1. 藏书量含电子图书，电子图书不应超过藏书总量的20%（单篇文章、单幅图片不作册数计入），以县（市、区）为中心的共享资源中可供利用的文献信息资源也可纳入学校的馆藏资源，但同时还应有本校特色的数字资源。新建学校图书馆在三年内逐步达标。

2. 应注重图书质量，收藏具有馆藏价值的、优秀出版社出版的图书。

3. 各类藏书结构比例应符合教育部《中小学图书馆（室）规程》要求，根据本校的教育教学任务、办学特色及发展方向，构建科学的藏书体系。

4. 藏书品种丰富，复本适量。

表 2-3 江苏省初级中学图书馆馆藏标准 [②]

项目	数量 \ 轨数	6轨			8轨			12轨			16轨		
		Ⅰ类	Ⅱ类	Ⅲ类	Ⅰ类	Ⅱ类	Ⅲ类	Ⅰ类	Ⅱ类	Ⅲ类	Ⅰ类	Ⅱ类	Ⅲ类
生均藏书量（册）		40	30	25	40	30	25	40	30	25	40	30	25
年生均新增图书（册/人）		1.5	1	0.5	1.5	1	0.5	1.5	1	0.5	1.5	1	0.5
年生均购书支出经费≥（元/人）		24	16	8	24	16	8	24	16	8	24	16	8
报刊种类≥（种）		120	100	80	150	130	100	180	150	120	200	180	150

---

① 江苏省高级中学图书馆装备标准［EB/OL］.（2011–06–30）［2015–07–05］. http://www.ceiea.com/html/201107/ 20110701143720o7fo.shtml.

② 江苏省初级中学图书馆装备标准［EB/OL］.（2011–06–30）［2015–07–05］. http://www.ceiea.com/html/201106/ 20110630135203g5ll.shtml.

续表

项目＼数量＼轨数	6轨			8轨			12轨			16轨		
	I类	II类	III类	I类	II类	III类	I类	II类	III类	I类	II类	III类
工具书种类≥（种）	180	150	130	180	150	130	180	150	130	180	150	130
文学艺术类图书占馆藏总量（%）	≤ 40			≤ 40			≤ 40			≤ 40		
自然科学类图书占馆藏总量（%）	≥ 28			≥ 28			≥ 28			≥ 28		

1. 藏书量含电子图书,电子图书不应超过藏书总量的20%（单篇文章、单幅图片不作册数计入），以县（市、区）为中心的共享资源中可供利用的文献信息资源也可纳入学校的馆藏资源，但同时还应有本校特色的数字资源。新建学校图书馆在三年内逐步达标。

2. 应注重图书质量，收藏具有馆藏价值的、优秀出版社出版的图书。

3. 各类藏书结构比例应符合教育部《中小学图书馆（室）规程》要求，根据本校的教育教学任务、办学特色及发展方向，构建科学的藏书体系。

4. 藏书品种丰富，复本适量。

表 2-4　江苏省小学图书馆馆藏标准 [①]

项目＼数量＼轨数	2轨			4轨			6轨			8轨		
	I类	II类	III类	I类	II类	III类	I类	II类	III类	I类	II类	III类
最低藏书量≥（万册）	1.4	1.1	0.5	2.7	2.2	1.1	4.0	3.2	1.6	5.4	4.3	2.2
生均藏书量（册）	30	20	15	30	20	15	30	20	15	30	20	15
报刊种类≥（种）	60	40	20	80	50	30	90	60	40	100	70	50
工具书及教参书≥（种）	80	60	40	100	80	60	120	100	80	140	120	100
年生均新增图书（册/人）	1.5	1	0.5	1.5	1	0.5	1.5	1	0.5	1.5	1	0.5
年生均购书支出经费≥（元/人）	15	10	5	15	10	5	15	10	5	15	10	5
文学艺术类图书占馆藏总量（%）	≤ 50			≤ 50			≤ 50			≤ 50		
科普类图书占馆藏总量（%）	≥ 30			≥ 30			≥ 30			≥ 30		

说明：2轨以下参照2轨，3~4轨参照4轨，5~6轨参照6轨，7~8轨参照8轨。

[①] 江苏省小学图书馆装备标准［EB/OL］.（2011–06–30）［2015–07–05］.http://www.ceiea.com/html/201 106/201106301350594lc.shtml.

1. 藏书量含电子图书,电子图书不应超过藏书总量的 20%(单篇文章、单幅图片不作册数计入),以县(市、区)为中心的共享资源中可供利用的文献信息资源也可纳入学校的馆藏资源总量,但同时还应有本校特色的数字资源。

2. 应注重文献资料的质量,收藏具有馆藏价值的、优秀出版社出版的图书,并做到品种丰富,复本适量。

3. 各类藏书结构比例应符合教育部《中小学图书馆(室)规程要求》。根据学校教育教学和服务对象需要,积极构建科学有效的馆藏体系,适合儿童心理特点,有较强的思想性、科学性、趣味性和启迪性。

4. 新建学校图书馆的馆藏文献在三年内逐步达标。

二、电子资源和数字资源建设

《国家中长期教育改革和发展规划纲要(2010–2020 年)》(以下简称《教育纲要》)明确指出要加强优质教育资源的开发和应用。加强网络教学资源体系的建设。引进国际优质数字化资源、开发网络学习课程、建立数字图书馆和虚拟实验室、建立开发灵活的教育资源公共服务平台,促进优质教育资源普及共享 [1]。加大数字图书馆的建设,这是图书馆的总体发展趋势,对中小学图书馆的发展方向有指引作用。早在 2003 年的《中小学图书馆(室)规程(修订)》就提到:有条件的学校图书馆要积极配备各类电子读物,将有保存价值的馆藏图书制作成电子文档。

中小学以教学为主,在信息时代中小学图书馆仅仅依靠纸质馆藏和电子馆藏越来越不足以满足教学需要,还需要提供更多的数字资源。要结合学校的教学需求,整合教学教育资源,建立各学科的网络导航,方便师生在线查阅相关的信息资源,为师生做好相关学科的专题信息服务、网络参考咨询、个性化信息推送服务。

三、全媒体文献资源建设

近年来,国家《教育信息化十年发展规划(2011—2020 年)》等文件相继出台,教育信息化已经进入了快速发展的黄金时期。教育信息化基础设施建设、优质数字化资源建设、云教育平台、智慧校园等成为实践与研究的热点。随着三网

---

[1] 国家中长期教育改革和发展规划纲要工作小组办公室.国家中长期教育改革和发展规划纲要(2010–2020 年)[EB/OL].[2010–07–29].http://www.moe.gov.cn/srcsite/A01/s7048/201007/t20100729_171904.html.

融合的实现，我们已经进入全媒体时代，以微课为代表的新媒体课成为热点。以此，可以预见中小学图书馆围绕新技术和即将出现的技术而建设各种学习中心、平台等也将成为热点。此外，部分中小学已经借助 RFID 技术以及图书馆 RFID 研究成果，结合中小学图书馆的自动化、智慧化发展趋势以及阅读终端的多样化，开展 24 小时自助图书馆、全馆自助借还的实践与研究，借助触摸屏、定制化 App 等阅读终端，解决电子图书流通和利用问题，推动中小学图书馆智慧化发展。在新媒体时代，中小学图书馆还在积极探索如何发挥微博、微信等新媒体的功能，在数字资源宣传与利用、读者交流、阅读推广等方面进行创新。

四、文献资源主要相关业务流程

文献资源业务主要涉及采集、验收、登录、编目、加工、入藏、上架、剔旧等程序。

（一）采集

1.采集标准

采集，即"藏书补充"。采集内容包括图书、报纸、期刊、声像资料等。采集渠道主要有上级配送、学校购买、社会援助、征集、数字资源下载、网络链接导航等方式。

2.采购渠道

（1）零散采购

中小学图书馆经费有限，所以大多情况下直接进行零散采购，即自主采购。零散采购方式比较灵活，一般由老师自行到书市或出版社进行现场购买，或者由对方送货上门。

（2）招标采购

中小学图书馆的图书采购属于政府行为，纳入政府集中招标采购的范围，包括公开招标、邀请招标、竞争性谈判、询价采购等方式。例如：5 万~10 万元，一般采用邀请招标或询价采购；10 万~30 万，一般采取竞争性谈判或询价采购；30 万以上，一般采取公开招标（综合评分）。其中，公开招标综合考虑供应商的综合实力、相关业绩、图书质量、个性化服务、价格等因素，是最理想的招标采购方式[①]。

（二）验收与登录

1.当文献资源送达学校，工作人员应对其做好验收工作

清点数量：主要检验到馆文献资源与预订、采购或配送的数量是否相符，并根据清单核对总数、价目，发现问题及时与供货方协调。

检验质量：主要检验到馆文献资源是否存在印刷、装帧等质量问题，发现问题及时与供货方协调。

2.图书登录分为总括登记与个别登记两种

总括登记又称总登记或总登录，是将收进文献或删除文献按批量单位进行整体登录的工作。采集后的总括登记首行内容可设日期、图书来源、单括号码、总计（下分总数、册数、金额）、图书分类（下分五大部类、其他类）、个别登记号起止、备注等项目。

个别登记又称分登记或分登录，是按文献的种和册（件）为单元进行具体登记的工作。收入的每册（件）文献为一个号码，称为个别登记号或个别登录号。

采集后的个别登记首行内容可设登记日期、总登记号（流水号）、书名、著（编、译）者、出版社、出版日期、单价、索书号（分类号）、去向、注销情况、备注等项目。

（三）编目、分类与加工

1.编目，即根据一定的规则，将馆藏文献资源著录成各种款目，并用不同的标目，按多种方法排列组织，实现多途径检索，以满足读者对文献资源的需求。

《中国图书馆图书分类法》（以下简称《中图法》）采用拉丁字母和阿拉伯数字相结合的混合制标记符号，字母表示22个大类，数字表示大类下的划分。为适应"工业技术"的分类需要，它的二级类也采用字母，如TB、TD、TE等。《中图法》基本上采用的是层累制的编号制度，即根据类目的不同等级给予相应的不同位数的号码，一级类用一个符号，二级类用二个符号，三级类用三个符号，依

---

① 王鸿飞.中小学图书馆建设实践与阅读推广［M］.广州：广东教育出版社，2016：20.

此类推。同位类再以所采用符号的顺序相配。如：

G 文化、科学、教育、体育................一级类目

4 教育 ....二级类目

6 各级教育 ....二级类目

63 中等教育 ....三级类目

633 各科教学法、教学参考书 ....四级类目

3 语文 ....五级类目

4 外语 ....五级类目

5 历史、地理 ....五级类目

2. 分类，即依据文献内容的学科属性及其他特征，将文献一一揭示，并分门别类地把它们系统地组织起来的一种方法（手段）。具体分类应做到结构合理，可按教育部颁布的《中小学图书馆（室）藏书分类比例表》配备，分五大部类22 个基本部类。见表 2–5。

表 2–5　中小学图书馆（室）藏书分类比例表 [1]

部类			分类比例	
五大部类	基本部类		小学	中学
第一大类	A 马列主义毛泽东思想		1.5%	2%
第二大类	B 哲学、宗教		1.5%	2%
第三大类	C 社会科学总论		64%	54%
	D 政治法律			
	E 军事			
	F 经济			
	G	文化、科学		
		教育		
		体育		
	H 语言、文字			
	I 文学			
	J 艺术			
	K 历史、地理			

[1] 中华人民共和国教育部 . 教育部关于印发《中小学图书馆（室）规程》的通知［EB/OL］.［2018–05–28］. http://www.moe.gov.cn/srcsite/A06/jcys_jyzb/201806/t20180607_338712.html.

续表

部类		分类比例	
第四大类	N 自然科学总论	28%	38%
	O 数理科学和化学		
	P 天文学、地球科学		
	Q 生物科学		
	R 医药、卫生		
	S 农业科学		
	T 工业技术		
	U 交通运输		
	V 航空、航天		
	X 环境科学、安全科学		
第五大类	Z 综合性图书	5%	4%

3. 完成编目、分类后，再进行加工。加工的内容是盖印、贴条形码、写（贴）书标、贴防盗磁条或芯片、登记等。

盖印：凡进入图书馆的藏书都要盖上本学校图书馆藏书专用章，要求印章要盖端正，要盖在书名页及书口的适当空白处，不得损伤该书的字迹和图案、画面等。

贴条形码：条形码具有"唯一性"，相当于每册图书的身份证。条形码宜粘贴在图书书名页上及封底中间偏上的位置较妥当，并增加粘贴透明薄膜以延长使用期。

写（贴）书标：要贴在书脊的适当位置（一般距"地脚"1厘米以上处），要求整齐，索书号清晰可见，用"/"将分类号与种次号及辅助区分号隔开，如"分类号 / 种次号 / 卷次号"或"分类号 / 种次号：卷次号"，如 I2/3、I2/7/3 或 I2/7：3。书标也应增加粘贴透明薄膜以延长使用期。

贴防盗磁条或芯片：尽量往书脊夹缝隐蔽中贴，做到不易发现且方便阅读。

登记：填写图书入库单（每种书填写一行），填写图书入库分类（按五部类填写），填写固定资产明细账、图书分类明细账。

（四）入藏与排架

要求各地结合实际，合理确定中小学图书馆藏书复本量标准及馆藏定向补充原则，制订增剔工作计划，严格操作，确保剔旧后每年至少生均新增一本纸质图书，确保实现生均纸质图书册数达标。要改善图书馆馆藏结构，探索建立学生、教师读书反馈和评议推荐制度，遴选学生和教师心目中的好书，让广大师生爱读书、读好书。同时，各地中小学要重视对校本资源、特色资源的整理、排架、保存。

1. 入藏可以分为三个层级。第一层级：普通级别。要求入藏文献具有代表性、实用性，主要包括与教育科学密切相关的教育学、心理学、哲学及其他社会科学、自然科学等资料。第二层级：重点级别。要求入藏文献具有指导性、针对性，包括配合课堂教学的补充材料、课外读物、指导教学的有关经典著作，配合思想政治教育的阅读材料、文学作品以及相关的参考文献。第三层级：完整级别。要求入藏文献全面、系统，包括中学各科科目、教学大纲、教学参考书、优秀教案、具有阶段意义的试卷以及有关教学研究的各类图书资料。三个层级的收藏、对复本的考虑应视本校实际情况以及师生用书的不同情况而定。一般中学教师人数不多，有的身兼几班，较少的复本基本上就可以满足需求。而学生人数众多，从初一到高三相对地衔接，所需复本量大。

此外，2004年《关于公益性文化设施向未成年人免费开放的实施意见》中提出：向小学图书馆（室）以免费或半价优惠的方式提供适合未成年人阅读使用的文献资料①。2016年《青少年法治教育大纲》提出：中小学图书馆要选配符合青少年学生认知特点的普法读本、影视、动漫作品等，引导学生阅读、观看、讨论。在校园建设中要主动融入法治元素，利用宣传栏、招贴画、名言警句等校园文化载体，宣传法律知识、法治精神，营造校园法治教育氛围②。

2. 排架一律按分类加工后的索书号排列、整理。

（五）剔旧

为了不断优化藏书结构与质量，提高文献利用率，应当不间断地、适时地对藏书进行复选和剔除工作，及时将过时、老化、破损、不能使用的图书下架。应严格按照中小学图书馆（室）图书剔旧更新管理规范划定范围、程序和方法，切

---

① 文化部公共文化司. 关于公益性文化设施向未成年人免费开放的实施意见［EB/OL］.［2018–08–26］. http://zwgk.mct.gov.cn/auto255/201111/t20111103_472262.html?keywords=.

② 教育部司法部全国普法办. 教育部司法部全国普法办印发《青少年法治教育大纲》的通知［EB/OL］.［2016–07–04］.http://www.moe.gov.cn/srcsite/A02/s5913/s5933/201607/t20160718_272115.html.

忌随意性。

五、文献资源的利用

文献资源的利用主要是指读者使用和为读者服务工作，如文献的外借、阅览、文献宣传、阅读辅导、参考咨询、文献检索、网络信息导航等，以及用户发展、用户研究、用户培训工作。此外，还包括各类信息工作，如科技查新、专利查新、定题信息服务等。

（一）文献借阅

目前我国中小学图书馆（室）的主要服务还局限于图书借阅。如何指导学生读书、用书是学校阅读工程治理的关键。中小学图书馆（室）也是与课程改革深度融合、开展研究性学习的理想场所。这方面国内已有学校率先进行了探索尝试，并取得了较好的效果。

鼓励中小学图书馆向家长开放，提倡学生和家长共同读书、读同一本书，营造良好的借阅氛围。"打造农村新文化所"。要为家庭贫困学生、寄宿制学校学生、农村留守儿童提供便利读书条件。农村中小学图书馆要发挥辐射作用，采取有效措施服务农民文化需求。此外，《意见》提出，在每年4月23日"世界读书日"和9月9日"国家图书馆日"积极开展形式多样、丰富多彩的中小学生读书专题活动[①]。

（二）参考咨询

中小学师生在教学、学习中提出的问题复杂多样，大体上可以划分为事实性咨询与专题性咨询两种。

事实性咨询又可以分为一般性咨询与实质性咨询。其中实质性咨询是指中小学师生在教学、学习中遇到困难时，要求图书馆帮助查找文献以查明问题的实质性方面的咨询。实质性咨询大多较为具体，是知识性方面的咨询，对于这类咨询，中小学图书馆的参考咨询馆员大多能够及时予以口头解答。其中，较为具体的咨

---

① 中华人民共和国教育部文化部国家新闻出版广电总局.教育部文化部国家新闻出版广电总局关于加强新时期中小学图书馆建设与应用工作的意见［EB/OL］.［2015-05-20］. http://www.moe.gov.cn/srcsite/A06/jcys_jyzb/201505/t20150520_189496.html.

询还可以通过为读者提供索引、书目等帮助读者查找。

专题性咨询是指中小学师生在教学、学习过程中提出的较为复杂，涉及的学科内容较为深奥的问题，又被称为情报性咨询。专题性咨询大多是由教师提出的，为解决其所遇到的较为专深的研究课题，向图书馆提出的要求查找某一专业或课题的文献资料的问题。

第二节　技术建设

一、中小学图书馆自动化建设

图书馆自动化是指以计算机为主体，与通信系统相结合，利用高密度存储技术，对图书馆各环节（采访编目、流通阅览、信息检索、图书馆管理等）实行程序控制的全过程，从而减轻工作人员的劳动量，提高图书馆的工作效率，加速文献流通速度，向用户提供更多信息。计算机在其中处于核心地位，它对其他现代化设备起着控制、连接和转换的作用。可以说，图书馆自动化是图书馆现代化的核心和主导部分，是实现图书馆现代化的重要手段和过程。

如今，中小学图书馆已逐步实现计算机管理，对中学图书馆的自动化建设有一定要求。教育部教育装备研究与发展中心以及各个学校应做好学校领导班子的思想动员工作，强调图书馆自动化建设与发展对图书馆职能的发挥、对学校教育教学的重要性，改变学校领导观念，加大图书馆自动化建设经费投入。《江苏省中小学教育技术装备排名》对中小学图书馆管理要求中也提到：中小学图书馆应实行计算机自动化管理。

二、中小学图书馆网站建设

中小学图书馆网站是实现教育资源均衡分配的桥梁，是中小学图书馆在网络的具体表现形式，是网络环境下中小学图书馆展示馆藏信息资源的重要窗口，也是最佳的教学研究室试验点。图书馆网站的建设为师生提供读者指南、图书检索与借阅、新书推荐、数字资源访问，以及在线活动报名、在线投票等服务，使得教师与图书馆、学生与图书馆、社会与图书馆之间的交流有了全新的方式。

（一）教育功能

中小学图书馆网站的教育功能主要体现在对师生用户进行有关知识的介绍和技能的指导上。比较常见的是将本馆的规章制度、有关设施的使用方法等项目置于主页，对师生进行图书馆使用的教育，并针对师生提出的问题予以解答。

（二）检索功能

网站上仅有馆藏书目数据库检索还远远不能满足中小学师生用户的检索需求，图书馆还应在网上提供各种馆藏文献、数据库检索、联合目录综合考察、优秀教案、课件检索等，使师生用户在办公室或者家中就能检索到各种文献信息。

（三）参考咨询

中小学图书馆网站可用于及时发布公告、通知等信息，同时设立即时聊天窗口链接，使师生读者在网上可以随时交流。

三、中小学图书馆数字化建设

现代素质教育不再单纯依靠书本这一传统的知识载体。为加强教学效果，让学生更好地学习、应用现代科技知识，许多学校已经采用现代化的教学手段进行电化教学。这就要求中小学图书馆必须一改过去只收藏纸质文献的局面，扩大非纸质资料收藏范围，如视听资料、缩微资料、数字资料等。特别是近年来以磁、光介质为载体的电子型出版物已占据越来越重要的地位，计算机和多媒体技术越来越普及。因此不论是从文献资源建设的需求讲，还是从合理使用紧张的图书经费，或者从充分发挥现代化服务手段的作用讲，都需要充分重视数字化文献资源的建设。

数字图书馆的建设，首先要依靠技术支持，如计算机技术、网络技术、信息存储技术、通信技术、数据库技术、图书馆自动化集成技术等的综合运用。还要有计划地购置与学校的重点学科相关的期刊全文光盘，或者题名数据库、文献数据库，以发挥现代化服务手段的优势。还应加强图书资源中心的建设，对已有或在建局域网或城域网的地区，要以某个中心学校或教育部门网络中心为依托，建设图书中心，辐射周边学校，实现资源共享。评选优秀的中小学图书管理信息系统软件，向各地推荐，各地要积极创造条件予以采用。

四、中小学图书馆智慧化建设

（一）RFID 技术

RFID（Radio Frequency Identification），又称无线射频识别，俗称电子标签，是一种通信技术，可通过无线电讯号实现识别特定目标并读写相关数据，而无需识别系统与特定目标之间建立机械或光学接触。RFID 技术系统由电子标签（Tag）、阅读器（Reader）、天线（Antenna）三个基本组件组成。其中电子标签（Tag）具有唯一性，即每个标签只对应唯一的电子编码，以此标识该物体（书）。电子标签还具有持久性、存储信息量大、传播穿透性强等特点。阅读器（Reader）是读取或写入电子标签信息的设备，有固定式、移动式等多种设计。天线（Antenna）是采集信号的设备，把采集到的数据传送给中央服务器，服务器接收到信息后再发送给天线，即实现电子标签和读取器之间信息交互的媒介。

依赖 RFID 技术有助于实现读者的自助服务、图书的智能盘点、图书的智能防盗和图书馆的智能定位。

（二）自助借阅

自助图书馆（室）一般指利用校园内一个相对独立的空间，将 RFID 技术、门禁监控和视频监控、计算机网络通信技术等有机整合，构建出一个无人值守、读者自助借还图书的自助借阅空间。自助图书馆（室）突破了时间和空间的限制，学生可以利用早读前、课间、晚修这些碎片化的时间进行阅读，让他们更好地学会时间管理，也能够提高学生和教师的图书借阅率。自助图书馆（室）创造了一种节约、高效的建馆模式 ①。

设备投入：借还系统、图书、书架、电子标签、门禁系统、监控系统等。

技术支持："一卡通"借还系统、条形码和 RFID 标签识别系统、软件更新、

---

① 吴晞，王林．人文关怀·现代科技·自助图书馆［J］．中国图书馆报，2008（4）：92–94.

后期维护。

布点选址：与主题图书馆不能太近，选择人流密集区，尽量远离噪音。

例如，深圳图书馆早在 2006 年就率先利用 RFID 技术实现图书馆自助借还书，并逐步实现市馆和区域馆互联，原创性地开发了 24 小时自助式社区图书馆，逐步打造以"市图书馆为中心、以 24 小时自助式社区图书馆为集群"的图书馆之城。这在全国乃至全球范围内尚属首创，这为智慧图书馆相关标准的研制提供了良好的技术与应用支撑。

深圳图书馆并没有局限于图书借还流程，而是充分利用了 RFID 技术特点，结合本馆实际，形成了一整套的功能体系，并开发了融合多项管理流程的 RFID 文献智能管理系统，在自助借还、文献定位、馆藏清点、归架管理等环节均实现了技术、服务、管理等方面的创新。比如，非接触式和一次多本的方式，实现快速安全的文献借还；在国内图书馆界首创架位管理方式，即利用 RFID 标签对馆内每一层书架进行编码标识、定位，从而可对每层书架上的图书进行定位，如表 2-6 所示；利用手持式 RFID 设备扫描书架上图书的 RFID 标签就能够快速完成清点；自主研发了一种 RFID 小型移动式文献归架、巡架的管理设备——智能书车[1]。

表 2-6　深圳图书馆排架编码规则

a	b	c	d	e	f	g	o（1）	h	i
楼层代号	区号	巷道号		书架列号		左（右）		书架层号	

（三）虚拟图书馆

中小学图书馆在开放、多元、融合的发展理念指导下，将实现实体图书馆和虚拟图书馆并存的建设格局，不断拓展图书馆功能，满足师生个性化、多样化和泛在化的阅读需求。

虚拟图书馆能够突破时空限制，满足师生个性化的阅读需求。中小学图书馆的数字图书馆建设，首先，需要建设流畅的网络环境，配置路由器、交换机等网络设施；其次，配备满足需求的电子阅览设备，如计算机、服务器、IPAD 等实现在线或移动阅读；再次，增设用于师生自助服务的终端，如电子触摸屏、电子书借阅机、打印机等为师生提供使用虚拟图书馆的一站式服务，满足师生多样化的阅读需求。

---

[1] 熊泽泉，段宇锋 . RFID 技术在深圳图书馆的应用［J］. 图书馆杂志，2018（3）：49–55.

第三节　馆舍与设备建设

一、馆舍建设

作为学校书刊情报资料中心，图书馆是提供教学、教研、学习等图书资料最重要的场所。馆舍与设备建设直接关系到馆藏质量。当下，国内中小学图书馆馆舍面积基本达标，但达到示范标准的比率偏低，馆舍环境欠佳。

（一）馆舍建设相关要求

新《规程》第三十一条规定：图书馆馆舍建设应当纳入学校建设总体规划。有条件的中小学校设立独立的图书馆舍。[①]地方性中小学图书馆（室）建设标准如《江苏省中小学图书馆（室）建设标准》《江苏省中小学教育技术装备标准》等也对馆舍建设有相关的要求。

图书馆（室）的设计要有益于提高学生的学习效果和自主学习能力。应加快推进中小学图书馆建设，逐步将图书馆建设成为设施齐全、功能完备、运转顺畅、服务便捷、使用高效的育人阵地和重要课堂。图书馆应确保为学生提供充足的阅读空间并创造良好的馆舍环境。中小学图书馆的环境布置应符合儿童青少年的个性特点——色彩鲜明、布局合理、造型优美。例如，配置能够应对多样化使用的书架和桌椅，使用造型新颖的吊灯、窗子等；小学图书馆（室）可以布置席地而坐的阅读区，方便学生随手拿到自己喜欢的书籍；为培养学生的表达能力与合作学习能力，还可开设供学生交流讨论的小型讨论室、自习室等。另外，中小学图书馆（室）还应逐步尝试数字工具和智能化手段的运用，一方面通过自建和购买电子图书和电子期刊，丰富数字阅读资源；另一方面购买电子阅读器、多功能触摸阅读屏、平板电脑等，为学生开展数字阅读提供便利。

另外，应鼓励新颖的、受欢迎的提法和理念，创建泛阅读环境。比如，"建设开放型图书馆"，鼓励有条件的学校利用图书、报刊布置图书亭、走廊、教室等边角空间，使更多图书出现在楼层和课堂上，并发挥电子图书的智能化优势，为学生提供开放便捷、自主交互、主动学习的阅读环境。

---

① 中华人民共和国教育部. 教育部关于印发《中小学图书馆（室）规程》的通知［EB/OL］.［2018–05–28］. http://www.moe.gov.cn/srcsite/A06/jcys_jyzb/201806/t20180607_338712.html.

（二）江苏省中小学图书馆馆舍相关标准

江苏省教育厅于 2011 年正式出台小学图书馆装备标准、初中图书馆装备标准及高中图书馆装备标准，其中对馆舍的要求见表 2–7、表 2–8、表 2–9。

表 2-7　江苏省高级中学图书馆馆舍配备 [①]

项目＼数量＼轨数	8 轨			12 轨			16 轨		
	Ⅰ类	Ⅱ类	Ⅲ类	Ⅰ类	Ⅱ类	Ⅲ类	Ⅰ类	Ⅱ类	Ⅲ类
馆舍总面积（㎡）	1200	800	600	1400	1200	1000	1700	1300	1100
藏书室（㎡）	240	200	160	340	280	220	440	360	280
电子阅览室座位/学生人数	1/15	1/20	1/25	1/15	1/20	1/25	1/15	1/20	1/25
电子阅览室面积（㎡）	150	110	90	230	170	140	300	230	180
阅览座位/学生人数	1/8	1/10	1/12	1/8	1/10	1/12	1/8	1/10	1/12
阅览面积（㎡）	230	180	150	340	270	230	450	360	300
管理办公室面积（㎡）	30	20	15	30	20	15	30	20	15
候借厅学生占有（㎡/人）	40	40	50	40	40	50	40	40	50

说明：阅览室为师生共享借阅一体（内设报刊、工具书、图书等纸质和数字文献资源，其中工具书入双门带锁柜单独存放）。图书馆总面积 8 轨以下参照 8 轨，9~12 轨参照 12 轨，13~16 轨参照 16 轨，16 轨以上按下列公式计算：

Ⅰ类	Ⅱ类	Ⅲ类
$1800 +（C - 36）\times 50 \times 0.3$	$1260 +（C - 36）\times 50 \times 0.2$	$630 +（C - 36）\times 50 \times 0.1$

表 2-8　江苏省初级中学图书馆馆舍配备 [②]

项目＼数量＼轨数	8 轨			12 轨			16 轨		
	Ⅰ类	Ⅱ类	Ⅲ类	Ⅰ类	Ⅱ类	Ⅲ类	Ⅰ类	Ⅱ类	Ⅲ类
馆舍总面积（㎡）	800	600	400	1000	800	600	1200	1000	800
藏书室（㎡）	200	160	120	280	220	180	240	280	240

---

① 江苏省高级中学图书馆装备标准［EB/OL］.（2011–06–30）［2015–07–05］. http：//www.ceiea.com/html/201107/20110701143720o7fo.shtml.

② 江苏省初级中学图书馆装备标准［EB/OL］.（2011–06–30）［2015–07–05］. http：//www.ceiea.com/html/201106/20110630135203g5ll.shtml.

续表

数量 轨数	8轨			12轨			16轨		
项目	Ⅰ类	Ⅱ类	Ⅲ类	Ⅰ类	Ⅱ类	Ⅲ类	Ⅰ类	Ⅱ类	Ⅲ类
电子阅览座位/学生数	1/15	1/20	1/25	1/15	1/20	1/25	1/15	1/20	1/25
电子阅览室面积（㎡）	150	110	90	230	170	140	300	230	180
阅览座位/学生人数	1/10	1/12	1/14	1/10	1/12	1/14	1/10	1/12	1/14
阅览面积（㎡）	180	150	120	270	230	190	360	300	260
管理办公室面积（㎡）	20	20	15	20	20	15	20	20	15
候借厅学生占有(㎡/人)	40	50	60	40	50	60	40	50	60

说明：阅览室为师生共享借阅一体（内设报刊、工具书、图书等纸质和数字文献资源，其中工具书入双门带锁柜单独存放）。馆舍总面积6轨Ⅰ类 630㎡，Ⅱ类 450㎡，Ⅲ类 270㎡，6轨以下参照6轨，7~8轨参照8轨，9~12轨参照12轨，13~16轨参照16轨，16轨以上按下列公式计算：

Ⅰ类	Ⅱ类	Ⅲ类
$840m^2 +（C-24）\times 50 \times 0.3$	$600m^2 +（C-24）\times 50 \times 0.2$	$400m^2 +（C-24）\times 50 \times 0.1$

注："C"指班级总数，"24"指8轨班级数，"50"指班容量，0.3、0.2、0.1为面积。

表2-9　江苏省小学图书馆馆舍配备 [①]

数量 轨数	2轨			4轨			6轨			8轨		
项目	Ⅰ类	Ⅱ类	Ⅲ类	Ⅰ类	Ⅱ类	Ⅲ类	Ⅰ类	Ⅱ类	Ⅲ类	Ⅰ类	Ⅱ类	Ⅲ类
馆（室）面积（㎡）	160	110	50	300	200	100	400	240	130	500	300	170
教师阅览室座位/教师人数	1/4	1/4	1/4	1/4	1/4	1/4	1/4	1/4	1/4	1/4	1/4	1/4
学生阅览室座位/学生人数	1/12	1/15	1/20	1/20	1/25	1/30	1/20	1/25	1/30	1/20	1/25	1/30
藏书室（册/㎡）	400	500	600	400	500	600	400	500	600	400	500	600

---

① 江苏省小学图书馆装备标准［EB/OL］.（2011-06-30）［2015-07-05］. http://www.ceiea.com/html/201106/2011063013505941c.shtml.

续表

数量\轨数 项目	2 轨			4 轨			6 轨			8 轨		
	Ⅰ类	Ⅱ类	Ⅲ类	Ⅰ类	Ⅱ类	Ⅲ类	Ⅰ类	Ⅱ类	Ⅲ类	Ⅰ类	Ⅱ类	Ⅲ类
阅览室座位/学生人数（%）	1/30	1/30	1/40	1/30	1/30	1/30	1/30	1/30	1/30	1/40	1/40	1/40
电子阅览室最低座位数（个）	10	8	6	30	25	20	40	35	30	50	40	35

说明：阅览室为师生共享借阅一体（内设报刊、工具书、图书等纸质和数字文献资源，其中工具书入带锁柜单独存放）。

二、功能区（室）建设

实体图书馆是中小学图书馆的主阵地，肩负教育功能，这些空间分区相互独立又相互依赖，在图书馆的服务中各自发挥着不同的角色和功能，为图书馆创造了一个整体协调的活动空间，满足中小学图书馆用户的多样化需求。

新《规程》规定：图书馆应当有采编、藏书、阅览、教学、读者活动等场所。[1] 我国《中小学校设计规范》（GB50099–2011）也规定：中小学校图书室应包括学生阅览室、教师阅览室、图书杂志及报刊阅览室、视听阅览室、检录及借书空间、书库、登录、编目及整修工作室，并可附设会议室和交流空间[2]。

（一）书刊借阅区

书刊借阅区是中小学图书馆必不可少的功能区，也是利用最广泛的领域。在流通台周围应有足够的空间可以容纳其他的设备家具，比如桌椅、图书车、一个或多个联机公共检索目录、打印机。如果空间有限，此区也是最好的储藏区。流通服务台附近开阔的地区，应允许设置工作台。由于工作人员办公室和工作空间对于这种规模的图书馆来说是很小的，因此流通台须足够大，可以为至少三名工作人员提供足够的工作空间，鼓励工作人员尽量能够随时可见并为学生提供服务。

---

[1] 中华人民共和国教育部.教育部关于印发《中小学图书馆（室）规程》的通知［EB/OL］.［2018–05–28］. http://www.moe.gov.cn/srcsite/A06/jcys_jyzb/201806/t20180607_338712.html.

[2] 中华人民共和国住房和城乡建设部.中小学校设计规范：GB50099–2011［S/OL］. http://www.mohurd.gov.cn/wjfb/201201/t20120106_208313.html.

（二）电子阅览室

电子阅览室是图书馆实施数字化的一个重要体现，是以计算机和网络环境为依托，为读者提供电子文献、馆藏文献及印刷型文献检索、网上阅览、文献传递服务为一体的现代化多功能的阅览室，提供电视、投影、计算机等多媒体和数码设施。

教育部教育装备研究与发展中心、中小学理科教育装备处处长刘强等人对全国6省（直辖市）169所中小学校开展调研，结果显示：当下仅有44%的学校图书馆配备了电子阅览室，约40%的学校图书馆拥有数字图书，22%的学校图书馆拥有电子期刊。城市学校电子阅览室的配备率（51%）显著高于农村学校（34%）。在数字图书和电子期刊的拥有率方面，不存在显著的学校类型差异或城乡差异[①]。

（三）自习室

如果图书馆在空间和财务预算足够的情况下，可以独立设置一个安静的区域。中小学图书馆的自习区往往没有大学图书馆自习室显得重要，但目前，仍有不少中小学图书馆设置了自习区，中学生在馆内可以像在大学图书馆一样独立学习，而协作空间则在别处提供。

（四）展览区

图书馆展览区是阅读推广的主要场地之一，也可以展示图书馆的馆藏，吸引读者来馆。

展览区可以将内部特别设计，如有趣的陈设和舒适的座位。展区位置，可以结合入口门厅、过厅、休息平台、走廊等读者经常停留的空间。展示栏目包括学校和图书馆信息、新书展示、借阅排行、读者园地、交流心得等常规展览，以及明信片、手工制作、艺术品等特殊展览。

（五）工作区

尽管中小学图书馆工作人员较少，但是根据功能和工作本身的需要，应设置工作空间，包括办公、开会、计划课程等。如果没有单独的办公场地，流通

---

① 刘强，陈晓晨，杜艳，等.中小学图书馆（室）建设与使用现状及改善策略——基于全国169所中小学校的调研［J］.中国教育学刊，2018（2）：63.

区域至少要包括少量的工作空间。对教师来说，图书馆正日渐成为教学空间的延伸。

位于哥伦比亚波哥大的洛斯诺加莱斯学院（Colegio Los Nogales）双语高中将图书馆作为学校的中心，教师与图书馆员合作开展探究式教学，灵活地使用图书馆；图书馆提供的教学资源检索工具和相关教辅资料已经成为教师备课授课的重要支持；图书馆成为了教师课堂的"隐形帮手"。另外，在将图书馆资源与课程内容相结合的教学过程中，教师们可利用学校图书馆提供的信息技术设备、开放自由的空间开展多种形式的教学活动。2009年，澳大利亚联邦政府提供了一批资金支持小学图书馆的建造或恢复。在此基础上，图书馆的空间进行了巨大变革，而变革后的现代学习空间模式则实行"学生为中心、师生互动"的交流形式，关注到师生之间的交流和沟通，且有充足的ICT（信息和通信技术）资源供教师和学生使用，为老师的教学创造了先进的条件[①]。

（六）创客空间

创客空间又称黑色空间（Hackspace）、黑客实验室（Hacklab）、制造商空间（Makerspace）、创造空间（CreativeSpace）等，是一个供人们分享有关电脑、技术、科学、数字、电子艺术等方面兴趣并合作、动手、创造的地方。创客空间鼓励创新，提供资源共享，对好奇心、责任感、合作能力的发展起到辅助作用，这些技能对于中小学生未来的发展格外重要。为最大限度地发挥中小学图书馆（室）作为资源中心、信息交流中心和知识传播中心的作用，拓展使用功能也是改善中小学图书馆（室）应用现状的当务之急。中小学图书馆应成为提高学生信息素养与创新能力的重要场所。对于中小学图书馆而言，创客空间的本质是整合的教育空间，其功用是培养学生的创新思维和创造力，创客空间的规划必须符合空间规划的基本原则。一般来说，这个区域是图书馆所构建的为中小学生提供阅读、创造、思考、探讨、共同学习与交流的自由空间，有书桌、沙发、座椅、地毯、可移动组合拼接的家具等。

小学图书馆和中学图书馆的设置有所不同。小学图书馆营造的是一个激发儿童的创造力、促进探索、亲子互动、鼓励儿童之见的以交流互动为主的益智教育

---

① 关宏臣.澳大利亚21世纪学习空间设计及其启示［J］.中学政治教学参考，2011：18.

的趣味空间；而中学图书馆则需要为青少年群体打造集中学习、探索、网络、电影音乐或科技创新的教育休闲空间。在校园内成立创客空间正在美国硅谷地区的中小学展开。创客空间的形式是丰富多样的，米里亚姆罗德（Miriam Lord）小学的创客空间为学生提供多媒体录音棚和相关设备，各年级学生都有机会在创客空间中实现自己的"主播梦"[①]。德克萨斯州鲍威小学（Bowie Elementary School）图书馆则联合该校 STEM 课程教师在图书馆开设了编程学习课程[②]。银溪（Silver Creek）高中图书馆与思考者磨坊（Thinkermill）合作，在学校图书馆的创客空间中提供 3D 打印和机器人球、电脑辅助设计等技术或设备，引入志愿者和专家指导学生活动[③]。

（七）多功能活动区

中小学图书馆作为学校教学空间的重要组成部分，小型或者中大型的图书馆需要设置适当面积的多功能互动室，区别于开放服务空间。这里的区域会相对独立和安静，与图书馆的主要空间隔开，以防止噪音干扰其他用户。它可以作为教室、会议室、团体研修活动室、讲座或比赛场地等。

三、环境与设备建设

中小学图书馆空间需要各类设施，为读者提供更加专业化、便利化、个性化的服务。

（一）环境

图书馆要配足电梯、电力设施、安全保障设施、空调设施、卫生设施、储存设施等基础设施。常规设备应在颜色、形状、高度、大小的选取上满足师生良好视觉效应和舒适的阅读需要。为凸显良好的文化氛围，中小学图书馆还需充分利用墙体、墙角、桌面等空间，配置字画、名人名言、花草、艺术品、沙发等，以

[①] DesigningLibraries.TheHub, MiriamLord Primary School［EB/OL］.［2018–05–18］.http://designinglibraries.org.uk/documents/MiriamLordHub2–1_revised.pdf.

[②] JazzyWright.ALA, Googlelaunch "Libraries Ready to Code"［EB/OL］.［2016–05–13］. http://www.ala.org/news/press-releases/2016/04/ala–google–launch–libraries–ready–code–0.

[③] 中央政府门户网站. 美国中学生也"创客"［EB/OL］.［2018–05–18］.http：//www.gov.cn/zhuanti/2016–05/13/content_5073001.htm.

更好吸引师生来馆阅读。

例如，江苏省小学图书馆馆舍配备要求如下：各室自然采光及辅助照明，自然通风；室内环境噪声应低于 50 分贝；温度以人体舒适度为宜,应安装空调；应有消毒、防火、防尘、防高温、防盗及防潮、防霉、防晒、防虫蛀鼠咬等设施设备，符合消防相关要求，安全出口不少于 2 个，应方便疏散；创建整洁优美、轻松和谐、健康向上且符合小学生心理生理及视觉习惯的读书阅览环境。

（二）硬件设施

新《规程》的第三十二条规定：图书馆应当配备书架、阅览桌椅、借阅台、报刊架、书柜、计算机等必要的设施设备，并有计划地配置文件柜、陈列柜、办公桌椅、借还机、打印机、扫描仪、电子阅读设备、复印设备、文献保护设施设备、装订、安全监测等相关设备。设施、设备应当符合学生年龄使用需要。[1] 在开放理念指导下的中小学图书馆的功能将得到拓展，中小学图书馆还需增配电子白板、投影仪、音响、电子屏等满足中小学图书馆多功能的发展需要。

各省中小学也可参照本省"义务教育学校办学标准"执行。例如，江苏省小学图书馆馆舍配备要求如下：应配备能满足本校全部书刊放置的书架、报刊架、书柜，书架和报刊架的高度应方便学生使用；应配有足够的书立，还应有借阅台和足够数量的阅览桌椅，借阅台和阅览桌椅高矮适中；应配有办公、装订设备、管理用计算机 1~2 台，有条件的学校还应配备复印机、打印机等设备。室内装饰、阅览桌椅所选材料必须符合国家环保标准。详细配备可参照表 2–10 中上海中小学图书馆中的部分配备品目。

---

[1] 中华人民共和国教育部 . 教育部关于印发《中小学图书馆（室）规程》的通知［EB/OL］.［2018–05–28］. http://www.moe.gov.cn/srcsite/A06/jcys_jyzb/201806/t20180607_338712.html.

表 2-10　上海中小学图书馆中的部分配备品目 ①

序号	设备名称	功能	单位	数量	备注
1	书架	存放图书	个	按藏书（刊）量配置	宜采用双柱可调层高双面或单面书架
2	报纸架	陈列报纸	个		
3	期刊架	陈列期刊	个		
4	资料橱	陈列文献资料	顶		
5	矮书柜	存放图书，并用于各功能区域的间隔；存放图书	个	适量	
6	书柜	存放文献资料	组		
7	文件柜	存放各类归档业务资料	组		
8	书立	整理、陈列图书	个		
9	书车	搬运图书	辆		
10	装订设备				
11	阅览桌	阅读、研修等；可组合	张	不低于上海市《普通中小学校建设标准》（DG/TJ08）有关要求	
12	数字阅览桌	放置数字阅览终端	张		可与阅览桌兼用
13	阅览椅、凳、垫等	用于读者阅览	个		
14	台灯	补充照明	个	适量	
15	电脑桌椅	管理人员使用	组	适量	
16	办公桌椅	管理人员使用	组		
17	流通工作台	读者借还图书资料	套	适量	
18	读卡器	图书借还	个	适量	
19	条码阅读器/二维码阅读器	ISBN 录入、图书借还	台		
20	图书采集器	图书采购查重；图书清点	把		
21	宣传栏	新书推介、宣传、学生成果展示等	个	适量	

---

① 上海市教育委员会. 市教委关于印发《上海市普通中小学图书馆规程》的通知：沪教委基〔2016〕55 号［EB/OL］.［2016–09–27］. http：//www.shanghai.gov.cn/nw2/nw2314/nw2319/nw12344/u26aw49680.html.

续表1

序号	设备名称	功能	单位	数量	备注
22	检索终端	读者文献信息检索	台	适量	
23	投影设备	读书报告、阅读辅导、社团活动、教研活动、读者交流等	套		
24	计算机或移动终端	数字阅览	台		
25	计算机	文献采编、加工和管理等	套		
26	WEB 服务器	支持图书馆文献的信息化管理和应用	台	适量	宜放置在学校中心机房
27	数据库服务器		台		
28	光盘镜像服务器		台		
29	移动硬盘	数据资料备份	台		
30	激光打印机	书标、条码、加工信息、和文献资料等打印	台		
31	复印机		台	适量	
32	刻录机		台		
33	扫描仪		台		
34	无线路由器		台		
35	空调	用于阅览场所等	台	适量	
36	消毒设备	文献资料消毒	台		
37	监控系统		套	1	设于图书馆的出入口、重要文献与设备存放点
38	文献管理系统	文献资源管理	套	1	
39	数字文献平台	数字文献资源的展示、利用与管理	套	1	

续表2

序号	设备名称	功能	单位	数量	备注
40	影音播放系统		套	1	
41	大屏幕投影设备	影音欣赏	套	1	
42	音响设备		套	1	
43	观摩椅		张	适量	
44	休闲桌椅	读者休憩交流	张	适量	
45	沙发、茶几		套	适量	学校根据功能拓展需求和已有条件，选择配置
46	图书自助借阅设备	提供纸质图书自助借阅	台	适量	
47	数字图书自助借阅设备	提供移动终端下载阅读数字图书	台		
48	交互式显示屏		台		
49	彩色激光打印机		台	1	
50	智能文献管理系统	电子标签、自动借还、图书导航等	套	1	

（三）软件设施

搞好系统软件的配置，是实现图书馆管理工作现代化的关键。在硬件具备的前提下，只有搞好系统软件的配置，才能使计算机发挥出应有的作用。选择适宜的系统软件，是文献资源共享关键。系统软件的配置应以引进经过实践检验的较为成熟的软件为宜，要以性能安全可靠、功能完善合理为主要指标进行选择，也必须考虑其在一定区域内的使用情况及引进后的服务工作，以保证后续的文献资源共享及软件的升级换代与使用维护。

第四节　馆际联盟

中小学图书馆是教师、学生信息资源中心，如今，数字化、信息化正在驱动封闭式知识储备朝着开放式知识流转，但中小学图书馆在一定程度上存在经费不足、馆舍面积偏小、书刊资源匮乏、人员不固定、文献使用率不高等问题，所提供的文献资料不能完全满足教师和学生的需求。在优化自身馆藏的同时，中小学图书馆（室）应打破封闭办馆的模式，积极开展馆际合作，实现资源共享。建立校际、区域性协作网络是中小学图书馆建设的发展趋势。

一、馆际联盟的模式

（一）联盟理事会模式

组建专门的联盟理事会，各馆可以共同制定联盟发展战略，并根据不同成员馆的发展状况设计相应的馆藏建设规划。联盟理事会模式主要由地方政府部门牵头建立，在此基础上，图书馆联盟还可以相对顺利地与社会、科研等机构合作，实现本地区内信息资源的共享。

（二）合作共享模式

现代化高新技术为中小学图书馆资源共建、服务共享提供了平台。建立中小学师生所需的数据库，搭建不同图书馆之间的信息协调机制，保障馆藏建设与读者需求相契合的联盟。

比如，建立图书联合采购系统，可以发挥区域联合采购的优势，建立规范的联合采购流程，通过与书商议价来付费，这样既能避免资源的重复采购，也能降低各校的运营成本。再如，打破界限对不同图书馆的馆藏布局进行统一规划，实现区域内各馆之间的"一卡通"图书借阅服务，这样既能弥补一些学校的馆藏弱势，也能提高各校服务效率。

（三）总分馆模式

图书馆集群管理总分馆模式在我国的发展已卓有成效，但是绝大多数的成果都是以公共图书馆或高校图书馆为对象。例如，江阴市图书馆自 2008 年以来，积极推进公共图书馆服务城乡一体化建设，依照"政府主导、两级投入、城乡一体、资源共享"的建设模式，构建起了一个以市图书馆为总馆，全市 17 个乡镇、街道图书馆为分馆，"三味书咖"城市阅读联盟为补充的多层次、全覆盖、开放式、网络化的现代公共图书馆服务体系。目前已建成 1 家总馆、17 家乡镇分馆、7 家阅读联盟、6家村级分馆、10家共建单位，通过统一的自动化管理软件系统，在全市范围内实现"一卡通"通借通还，进一步完善了公共文化服务体系，切实解决了服务群众"最后一公里"的问题。[①]

中小学图书馆在这一领域的实行很有限，但依然可以参照公共图书馆的一些做法。不同学校图书馆各有所长，为了更好发挥优势，可以将部分图书馆联合起来，并推举出实力相对较强的图书馆作为总馆，实现对整个联盟的统一调配与管理。不同学校之间也可以建立区域联盟，由总馆制定统一的检索目录，发放统一的借阅证，方便师生在任何一个联盟馆借阅文献。总分馆联盟也可以借鉴集团化运作模式，先将与总馆相邻的几个图书馆联合起来，实现资源的统一调配与管理，然后根据不同图书馆的需求，设立对应的分馆与下属机构，形成层层递进的管理机制。

二、馆际联盟的建设途径

（一）政府协调，统一制度

对于各个中小学学校主体来说，构建图书馆馆际联盟必然对其正常的教学工作增加一定的负担，这就需要政府层面加强协调联系，通过制定统一的资源格式与技术标准，建设统一的信息服务平台，方便不同系统间的文献传递，促进馆藏资源的多向流动，从根本上解决中小学图书馆资源、人才短缺的问题。

首先，建设和配套措施来引导学校的参与，规范操作的流程与方式。图书馆联盟本身是公益性的，在现行体制下需要一个可靠的组织给予正确指导，解决不同图书馆人力、物力、财力等无法协调的问题。要强化横向联盟，即让基础馆组建"虚拟模拟目录系统"；也要实行层层递进的管理模式，由教育集团统一管理、统一调配资源和各项服务[②]。只有规范化的制度约束，才能达到合作共享的目的。

其次，应尽量培养联盟成员的积极性，扩展联盟效应。制度建设过程中要充

---

① 江阴图书馆：总分馆介绍［EB/OL］．［2018-09-07］．http://www.jylib.cn/Sub.html#!Function/Article/Type/Detail/Column/1149fda8-92d8-43ca-8ef9-c8e82a2e7c0a/Item/7b461ccf-1af0-47e2-99a4-7a9589616625.

② 杨国琴．基于资源共享的中小学图书馆联盟探索——从美国大学图书馆联盟得到的启示［J］．科技情报开发与经济，2011，21（18）：111.

分认识到单打独斗的资源局限性，认识到资源合作给学校教育教学带来的巨大效益，要切实增进彼此的合作意识，本着互惠互利、负责任的态度和方便操作的方式开展工作。教育部门和中小学图书馆自身都要对联盟价值进行充分的宣传，展示取得的良好成效，营造良好的合作氛围，以此吸引更多的学校主体参与到联盟之中。图书馆馆际联盟的制度建设，必将为各个学校的图书资源共享带来红利。2008 年，南昌市成立中小学图书馆管理中心组，成员都是热心中小学图书馆事业发展的学校图书馆馆长，中心组负责统筹协调全市中小学图书馆各项事务。在市图书馆管理中心组的积极组织下，陆续开展了"全市中小学图书馆示范开放活动"和图书馆业务培训等活动，积极推动阅读指导课并纳入教学计划，取得了一定成效 [1]。

（二）整合平台，优化服务

采用 B/S 架构（Browser/Server，浏览器 / 服务器模式）构建中小学图书馆联盟平台，这种模式同互联网紧密结合，多层架构体系保证了系统的可扩充性、伸缩性、开放性和分布式布署的安全可靠性 [2]。

1. 整合平台，统一管理

在指定网站，实行统一的标准著录，实现统一认证、统一管理，如图书馆自动化管理、图书查询借阅以及图书馆信息的统计、查询、评估、大数据分析等工作。各成员馆的新增编目数据要及时上传。

教育主管部门通过登录互联网访问"中小学图书馆网"的教委管理系统，也可实时查询辖区学校图书馆的馆藏数据、流通数据及图书馆的其他基本情况，实现对各学校图书馆或各级教育主管部门的数据收集和分析、导入工作，并形成相关报表以备查询和统计。

2. 整合资源，优化服务

平台统一检索，可以对文献信息、借阅信息等进行实时检索，享受各图书馆

---

① 江西省教育厅 . 南昌市教育局：为素质教育搭建良好的平台——南昌市中小学图书馆的建设工作案例 [EB/OL]．[2016–08–11]．http://www.jxedu.gov.cn/xbztzl/2016zt/2016ywjyal/zxxgl/2016/08/ 20160811103719110.html.

② 麦彩云 . 用 B/S 架构系统构建中小学图书馆联盟平台 [J]．中小学图书情报世界，2010（5）：57.

的全部服务内容。如"江阴市中小学图书馆公共服务平台"就整合了业内动态、工作交流、业务培训、图书推荐、借阅排行、流通排行、读者活动栏目 [①]。此外，各地区中小学图书馆服务（管理）平台的导航栏还可以依据当地情况设置图书馆建设、图书馆管理、读者服务、资源建设、业务培训、政策法规、图情知识、馆员文苑、联合咨询等栏目，让读者不受地域和时间限制，上网就能查询图书馆的馆藏信息和外借信息，实现预约、续借。

满足联盟内中小学用户可视化阅览、在线学习、远程教育、教师远程可视会议等多种需要，达到学科性、区域性和行业性的协作与共享。创设导读平台，针对中小学生的年龄差异，设立不同的阅读目标，关注中小学生的个体阶段性成长，将教育部向中小学生推荐的优秀读物全部数字化，构建系统的阅读平台，并根据不同阶段的学生，推送相应的读物；针对教师的教学和科研，设立网上教学研究课堂，有效整合各类资源，提供相关培训和检索方法，扮演好图书馆在读者资源型学习、信息技能、教学活动中应有的培训和引导角色。

（三）加强监督和评效

为有效调动各中小学学生参与图书馆馆际联盟的积极性，需要对各学校图书资源的参与共享情况进行相应的评价，建立必要的奖励机制，提升中小学校的积极性和责任心。在建立绩效评价体系过程中，尤其需要明确具体的评价标准与规则，在评价群体上要增进对校领导的考核评价力度，只有如此才能较快地提升学校参与图书资源共享的效果。

---

① 江阴市教育局. 我市中小学图书馆公共服务平台门户网站开通［EB/OL］.［2015–12–24］. http://jylib.jsjyjy.net/content/news.jsf?colId=5&topicId=1.

第三讲 日常管理

中小学图书馆日常管理是指通过计划、决策、组织、领导、控制、协调等一系列过程，使图书馆的文献信息、人力、经费、物质资源有效达成图书馆目标的活动。中小学图书馆实行科学、有效的管理，是图书馆基本任务的需要，是文献信息资源充分利用的需要，是实现图书馆现代化建设的需要。

建立公开的规章制度，让公众最大限度凝聚共识；建立人员管理制度，让馆员有条不紊地参与图书馆管理；建立民主参与制度，确保图书符合师生的需求，提高馆藏质量；建立监督和评估体系，让图书馆工作的各个环节都能依法按制度实施。全社会一起了解、关心、理解和支持中小学图书馆建设，才能齐心协力做好中小学图书馆日常管理和维护。

第一节　规章制度

图书馆规章制度是工作人员和读者都必须遵守的条例、章程、规则、细则、办法。它是合理组织图书馆工作，充分发挥图书馆职能的保证，是实现图书馆科学管理的依据与准绳，也是整个图书馆工作正常而有序的保证。规章制度主要体现在图书馆与读者、读者与读者、利用藏书与保管藏书的关系之中，一般包括岗位责任制度、书库管理制度、图书借阅制度、文献资料遗失损毁赔偿制度、音像（数字）资料使用规则等。

省级教育行政部门负责图书馆建设工作的规划和管理工作，指导教育技术装备机构做好图书馆建设的组织、协调、配备、使用、培训、评估等具体业务工作。图书馆实行校长领导下的馆长负责制，图书馆专业人员实行专业技术职务聘任制。图书馆工作人员专业技术职务聘任参照国家有关规定执行。图书馆工作人员在调资晋级或评奖时，应等同于教学人员和教学辅助人员，并按国家有关规定享受相应的福利待遇。

一、文献配备机制

各地教育行政部门和新闻出版行政部门应站在全面贯彻落实《国家中长期教育改革和发展规划纲要（2010—2020年）》和《中共中央办公厅、国务院办公厅关于加强公共文化服务体系建设的若干意见》（中办发〔2007〕21号）的高度，把中小学图书馆（室）图书配备工作作为培养青少年健康成长的一件大事认真抓好，进一步加强中小学图书馆（室）图书配备和管理工作。切实保障中小学图书馆（室）图书配备的经费投入，把均衡配置图书作为全面推进素质教育、促进义务教育均衡发展、全面提高教育质量工作的重要内容。

（一）书目选定

将教育部指导编制的《全国中小学图书馆（室）推荐书目》作为中小学图书馆馆藏采购的主要参考依据。各地教育行政部门要高度重视图书采购工作，规范程序，建立中小学校师生广泛参与和专家咨询指导相结合，公开、公正、透明的书目选定机制。任何单位和个人都不得随意指定书目。在书目选取工作中，要充分听取广大教师和学生的意见，中小学图书馆（室）配备书目的选取工作要与全面推进素质教育、课程改革、教育教学等工作的实际需求相结合，适应教育教学的需要，确保遴选图书的质量。对不执行有关规定，造成内容不健康、质量低劣、盗版、不适合中小学生阅读的图书进校园的，要追究相关教育行政部门、相关学校领导的责任。

（二）采购配送

明确馆藏采购责任主体，严格审查参与中小学图书馆馆藏招标采购单位资质，加大验收检查力度，严禁盗版图书等非法出版物及不适合中小学生阅读、价格虚高的图书、音像制品和电子出版物进入中小学图书馆。《意见》提出，各级教育、文化和新闻出版部门要建立协作机制，完善中小学图书馆馆藏资源招标采购办法及实施细则，逐步健全师生、家长和专家学者等多方参与的采购机制。

（三）民主监督

各地新闻出版行政部门要采取有力措施，充分发挥全社会民主监督作用，共同把好中小学图书馆配备图书的质量关。同时，加强对出版发行单位的监管，严格审核图书馆采购供应商的资格条件。依据《中小学教材出版招标投标试点实施办法》和《中小学教材发行招标投标试点实施办法》，为加强监管，参与中小学校图书馆采购招投标的供应商应经新闻出版行政部门批准，具有出版物批发以上资格条件（即出版物总发行、批发和全国连锁经营企业），年检合格，近3年内未受到新闻出版行政处罚。

凡向中小学校销售内容不健康、质量低劣、盗版、不适合中小学生阅读的图书，牟取不当利益的单位和个人，发现一起，查处一起，并向社会媒体曝光。同时，新闻出版行政部门应依照《出版管理条例》和《出版物市场管理规定》予以处罚，情节严重的，责令期限停业整顿或吊销经营许可证。

二、阅览室管理制度

（一）馆藏保存

对图书进行科学分类编目和检索，将图书馆纳入学校信息化管理规划之中，实行信息化、网络化管理。有些学校的图书馆缺乏必要的设施和设备，导致大量图书乱堆乱放，难以检索查找；对旧图书不能及时剔除，新书到馆后也不能及时登记、分类、上架；学校图书管理人员大多是即将退休的职工，不具备图书管理的相关知识。因此，应建立和完善图书馆各类规章和账目。此外，还要建立完善的图书增新剔旧制度，保证每年生均纸质图书更新不少于1本，保证图书馆藏书的数量和质量。

入藏保护，应做到防火、防潮、防高温、防菌、防盗、防虫、防鼠，也要防止人为的损坏（乱涂、乱画、撕扯等）。

科学分工，分项管理，各负其责，落实责任制。室内物品、读物及固定设施，物、账记录清楚，来往手续完备，责任明确；定期与总务处核对，做到账物相符。

图书室所有图书、报刊、杂志不得擅自处理，需要处理时，须经分管领导批准登记手续后方可处理。

（二）规章制度

应确立必要的登记、管理、借阅和使用等制度，如《阅览室管理制度》《图书借阅制度》《图书维护与赔偿制度》。

1. 开架管理

新《规程》表示，图书馆应当以全开架借阅为主[1]，但开架借阅容易造成图书乱架，应加强对读者的宣传教育工作，培养他们正确、文明的阅读习惯。倡导学生自主管理、诚信取阅，形成学校在"图书馆"中的良好氛围，使师生阅读方式广泛多样、阅读选择丰富多元。

对读者，尤其是每届新生在办好借书证、入馆借书前，可以进行"图书馆入馆须知"讲座。向他们讲解图书分类、排架的基本知识，介绍本校图书馆馆藏图书情况与图书排架规律，可以重点介绍教育类（G类）图书、文学类（I类）图书以及科普读物具体位置。除了在书库入口处张贴《借阅须知》外，还可在书库内显眼的地方张贴一些文明借阅提示标语。

2. 借阅制度

（1）做好借还工作

保管好各类报纸、期刊、杂志，定期装订成册并编目归档。帮助和指导学生借阅图书和查找资料，严格办理借阅手续，归还时做到不污损、不丢失、不无故延期。比如，有的教师借阅的图书长期不予归还，最终变成了私人书籍，因此，在教职工调离学校、学生毕业、转学时需将所借的图书、借书证全部还清，方可办理离校手续。

（2）阅览室制度

① 图书馆、阅览室专人管理。

---

[1] 中华人民共和国教育部.教育部关于印发《中小学图书馆（室）规程》的通知［EB/OL］.［2018–05–28］.http://www.moe.gov.cn/srcsite/A06/jcys_jyzb/201806/t20180607_338712.html.

②维护室内环境卫生、阅读秩序，保持环境整洁美观。

③提醒读者爱护书刊，取放有序，不得涂抹、撕毁，违者除批评教育外，需照价或按规定赔偿。

④注意防火、防雷电、防盗、防尘、防潮、防霉、防蛀等。

⑤新采编的图书、期刊要及时分类、编目、登记、上架。普通文献应便于读者查找，贵重图书应设立专柜，防止丢失。

⑥保证提供给师生借阅的图书流通量不低于藏书的2/3。

⑦期刊阅览室课余时间均对学生开放，期刊不允许外借。

⑧图书、期刊定期清理，及时做好报损报废和增添登记工作，确保账、册相符。

（3）阅览室规则

①读者到图书馆、阅览室必须保持室内安静、卫生、整洁，不得交谈讨论，更不准大声喧哗和打闹。

②室内一切报纸、杂志和各种用具，一律不准携出室外。

③保持文献资料完整无损，不得涂抹、撕毁，违者需按规定赔偿。

④师生借阅文献需按规定办理借阅手续，阅后及时归还，不得转借他人。

⑤校外人员借阅文献必须经主管领导批准。校内、外人员损坏或丢失图书、期刊应照价赔偿。

3. 处罚和赔偿制度

中小学生读者自制能力有限，制定处罚和赔偿条款的目的在于制止不良习惯与行为。对于屡教不改的学生，事先制定明确的处罚条款，尤为重要。比如，对于违反借阅规定的学生读者，每次批评警告，还要在他的借书证上记录一个有不良行为记录的标记，规定达到这种违规标记的数量，就收回其借书证，暂停借书一段时间，如违规标记的数量更多，就要上报学校德育处，并通知班主任进行教育管理。

对破坏图书馆其他设施等违反图书馆规定的行为，也要制定出明确的处罚条款。

三、开放时间

中小学阶段是人生阅读素养形成和发展的关键时期。当前"全民阅读"已上升为国家战略，中小学图书馆更有责任保证充足的开放时间，为学生提供良好的阅读场所，营造浓厚的阅读氛围。

如何进一步提高中小学图书馆管理应用水平，如何更好地发挥育人的作用是各方面关注的焦点，也是中小学图书馆建设与应用的核心任务。为此，《意见》提出七方面要求，第一条就是确保有效开放时间，要求中小学图书馆教学期间每周开放时间原则上不少于 40 小时，确保每天课余时间、周末和寒暑假期间对师生有效开放，鼓励适当延长并向社会开放。"倡导每天阅读一小时"，鼓励中小学图书馆设立家长定期开放日，提倡小学生每天课外阅读半小时、中学生每天课外阅读 1 小时。

四、财务管理

财，是中小学图书馆发展的根本，充足的财力投入有利于《意见》目标的达成。中小学图书馆的经费支出主要包括人员收入、采购经费和图书馆建设经费等。

（一）人员收入

中小学图书馆在中小学校中处于教辅地位，使得中小学图书馆人员在职称评聘、绩效考核都逊色于教师，但待遇出现了与等同于后勤人员，严重挫伤了工作人员的积极性。新颁布的《意见》在开放、多元、融合的理念指导下，需要中小学图书馆人员付出比以往更多的时间和精力。当劳动收入和付出成本不对等时，将会使中小学图书馆人员出现消极怠工的现象。中小学人员的收入分配需打破教师与教辅人员二元体制的束缚，应按照岗位贡献的大小、付出的多寡、效益的高低来设定收入，体现多劳多得、优劳优酬，从而激发中小学图书馆人员的内生动力，促使中小学图书馆向《意见》所要求的方向转型。

（二）采购经费

在时间上提前半年至一年做好预算和计划，争取学校支持。在形式上采用公开招标。公开招标不仅能在竞价上获得一个相对低的保障，还能对供应商的资质、业绩、服务等按照事先设计的评分标准进行综合打分，让有实力、图书质量有保障、服务到位的供应商中标，对图书馆完成图书采购项目很有帮助。

以上海为例，目前上海市中小学图书馆图书采购经费是依据上海市中小学生公用经费中列支的学生人均图书经费乘以在校学生数换算而成。据统计，上海市中小学图书馆每年可支配的购书经费在 10000~60000 元不等。就目前看，这笔经费能基本满足师生对纸质图书的需求，但要建设数字图书馆，尤其是引进、开发特定阅读需求的数字资源产品，经费还相差甚远。因此，大幅度增加中小学图书馆可支配的数字资源采购经费，才能让中小学图书馆自主引入数字图书产品，有机会与数字资源商开发适合本校需求的数字产品，实现各类资源的有效整合，从而让中小学图书馆能更好地服务于本校师生，更好地向社区、社会开放，助推书香社会建设。应重视发挥师生以及各方民主参与作用，在图书采购、社会监督的环节，强化师生参与，营造用者导向、民主管理的氛围。

（三）建设经费

图书馆建设经费主要用于中小学图书馆空间改建、设施设备的添置、软件的更新与维护等。中小学图书馆由于长期缺乏建设专用经费，使中小学图书馆在空间改造、设备投入以及软件开发等方面建设缓慢。增设中小学图书馆建设专项经费，采用集约化的供给方式，由市区统筹，以项目申报的形式，加强项目实施前后的监管，最大限度地发挥建设经费的功效。

第二节　人员管理

一、中小学图书馆部门设置

（一）采编部门

制定藏书建设规划，负责文献资料的采购、验收、登记、分类、编目、加工，发布新书通报以及购书经费使用情况，接受社会捐赠等工作。

（二）流通部门

负责本部门的文献典藏、清理和剔旧，负责馆藏文献的外借、归还、分送，负责读者证办理、挂失、回收、离校等手续，对读者图书丢失、污损、超期等行为进行教育和处理。

（三）阅览部门

分为图书阅览室、报刊阅览室、电子阅览室、教师阅览室、学生阅览室、自习室等。提供室内阅览服务，协助读者办理资料复制业务，负责过期文献资料的收集、整理、装订、贮藏和移交、下架等工作。

（四）技术部门

负责图书馆自动化、数字化、智慧化系统的开发管理和维护工作。

中小学图书馆一般由校长负责，由一名校级领导分管图书馆工作，指导文献征订工作和技能培训，不设专门的行政部门，各业务部门可称部、室或组。中小学图书馆规模较小，因此各项业务常常集中进行，不分设业务机构。

二、人员配备

（一）配备要求

中小学图书馆员应当是具备专业资格的工作人员，他们负责中小学图书馆的计划和管理，他们应有尽可能充足的工作人员的支持，与整个学校的其他成员共同工作，与其他图书馆和机构联系。图书馆要设专职管理人员，见表3–1。图书馆工作人员编制在本校教职工编制总数内合理设定。图书馆工作人员实行专业技术职务聘任制，在调资晋级或评奖时，应与教学人员和教学辅助人员等同对待，并按国家有关规定享受相应的福利待遇。

新《规程》要求，中学图书馆管理人员应当具备大学本科以上文化程度，小学图书馆管理人员应当具备大学专科以上文化程度[1]。这是最基本的要求。当然学历只是一个人文化素质的体现，不是唯一的依据，它只是人的知识不断提高更新的基础，正确的态度应是：既讲文凭，又看水平。

---

[1] 中华人民共和国教育部.教育部关于印发《中小学图书馆（室）规程》的通知［EB/OL］.［2018–05–28］. http://www.moe.gov.cn/srcsite/A06/jcys_jyzb/20180607_338712.html.

表 3-1 图书馆人员配备

类型	Ⅰ类	Ⅱ类	Ⅲ类
数量	≥2人（至少专职1人）	≥2人（至少专职1人）	≥1人

1. 人员热爱图书馆工作，有较强的主动服务意识，乐于奉献，勇于创新，身体健康。

2. 具有图书馆专业知识，受过市级以上的专业培训，并持有上岗专业证书（合格证），并具有一定的计算机操作和网络使用技能。

3. 应具备大专及其以上学历，人员年轻化，并保持相对稳定。

要通过多种方式吸纳优秀人才进入中小学图书馆管理人员队伍，强化队伍。一是逐步建成由专（兼）职人员、志愿者等组成的中小学图书馆管理人员队伍，有条件的地方或学校要配备专职管理人员。二是探索设立中小学图书馆图书资料系列专业技术岗位，其编制在本校教职工编制总数内合理确定，建立完善资格准入、岗位聘用和定期考核制度，不断提高图书馆专业人员比例。三是吸纳优秀教师进入中小学图书馆管理人员队伍。要求对从事图书馆工作的兼职教师进行图书馆业务培训，在职务（称）评聘、晋升、评优评先、待遇等方面，给予图书馆管理人员与教师同等机会。四是加强培训培养，创新培训机制，建立分层分级培训体系，制订培训计划，提倡利用网络资源平台开展远程培训。鼓励各地充分利用高等院校图书馆及学术团体、行业组织专业优势，开展形式多样的中小学图书馆专（兼）职管理人员培训，加大高等学校培养中小学图书馆专门人才的力度。

（二）具体配备

1. 馆长

馆长是落实《意见》的主要责任人，承担着学校图书馆工作的策划、协调、组织之责，需要具备纵观全局、注重统筹与整合各方资源、善于发挥图书馆优势的能力。在中小学校中，馆长最理想的人选是由校长担当，站在学校的高度，在学校中践行"书香校园"，同时也为中小学图书馆助推学习型社会和书香社会建设创造条件，提供保障。

2. 馆员

馆员是落实《意见》的骨干力量，承担着为师生提供信息资源和信息服务之职，可以通过建立资格准入制，提升入职门槛；设立中小学图书资料系列职称，给予在岗人员应有的专业地位和相应待遇；制定专职人员配比数，保证中小学图书馆人员有充裕的时间和精力开展实践，从而使新时期赋予中小学图书馆的职责更好地得以贯彻。

3.学科馆员与参考馆员

学科馆员是实现中小学图书馆核心服务的中坚力量，承担着开展学科教学和为学科教学服务的双重任务。中小学校的学科馆员最合适的人选是由学科教师兼任，由图书馆和教学处加强其业务培训、实行教学管理与考核，并给予学科馆员在职务评聘、晋升等方面的优先权，使学科馆员放下思想包袱，全身心地投入到学科教学与服务之中，提升学科教学的质量。

参考咨询服务内容主要有专题书目检索、定题跟踪、三次文献服务等，参考馆员应当根据问题所属的学科范畴进行认真分析，找出关键所在，进而思索如何帮助读者分析问题、解决问题。解决问题的过程必须认真严谨，避免主观臆断。参考馆员必须掌握教学科研能力，信息资源开发、整合能力，理解、创新、口头表达、写作等综合能力。

4.志愿者

志愿者是中小学图书馆充实队伍、提升服务能力的有效途径。中小学图书馆的志愿者可由在校师生逐渐向家长、社区、社会扩展。活动的项目可从阅读做起，通过阅读项目的引领，让志愿者了解中小学图书馆，熟悉阅读活动的推广与组织形式，并充分利用志愿者的口碑传播阅读活动的效果，扩大阅读活动的影响力，从而带动更多的志愿者参与到中小学图书馆的建设中，最终在全民阅读中发挥图书馆的重要作用。

三、馆员培养

中小学图书馆应全面加强馆员业务培训，提升业务能力，更好地为中小学生提供优质文献信息服务，帮助中小学生提高阅读能力及素养。在加强业务培训的同时，还应完善资格准入、定期考核制度。

为促进图书管理员专业成长，业务培训可不局限于校园图书馆，鼓励各地创新培训机制，建立分层分级培训体系，制订培训计划。提倡通过馆际交流、利用网络资源平台开展远程培训，充分利用高等院校图书馆及学术团体、行业组织专业优势，开展形式多样的中小学图书馆专（兼）职管理人员培训，不断提高图书管理员的能力，让图书管理员能够更好地组织课外阅读，给学生推荐优秀图书等，进一步发挥图书馆的育人功能，满足师生学习需要。

馆员的基本素养主要包括文化素质、职业精神与信息能力三部分。

1. 文化素质

（1）文化知识。一般以学历为衡量标准。新《规程》要求：中学图书馆管理人员应当具备大学本科以上文化程度，小学图书馆管理人员应当具备大学专科以上文化程度 [1]，这是最基本的要求。知识是文化素质的基础。文化素质包括人文社会科学、自然科学、艺术、中外文化精髓等方面的内容，是形成社会及人的价值取向的依据，是提升公民意识和社会责任感、塑造完美人格的基础，是创新能力的基础。

（2）创新能力。中小学图书馆工作涉及多门学科，其服务的内容和范围包括知识的各个领域，尤其与教育学、社会学、儿童心理学以及生理学、卫生学、伦理学、美学、自然科学等多学科密切相关。这就要求中小学图书馆员应具有广博的知识，既要掌握图书馆的专业知识，又要掌握一定的人文科学知识和自然科学知识。现代科技的发展，还要求中小学图书馆工作人员必须掌握现代信息技术。

2. 职业精神

（1）服务至上。图书馆员的主要工作是帮助别人查阅文献资料，这就需要具备乐于助人的精神。知识服务的不确定性使读者往往不了解或不理解这种服务，这就要求图书馆员能耐得住寂寞、宽以待人，以博大的胸怀对待读者的各种误解。

（2）善于学习。图书馆员管理的是一座知识宝库，因此，图书馆员必须了解和掌握相应的知识背景，特别是在现代科技快速发展的形势下，只有具备善于学习的精神，才能管理好图书馆。

3. 信息能力

（1）信息搜集能力。首先，信息检索应该是图书馆员最基本的能力，比读

---

[1] 中华人民共和国教育部. 教育部关于印发《中小学图书馆（室）规程》的通知［EB/OL］.［2018–05–28］. http://www.moe.gov.cn/srcsite/A06/jcys_jyzb/201806/t20180607_338712.html.

者更快地搜索到所需信息，是图书馆员能力的直观体现。信息检索分为对图书馆馆藏信息的搜索，以及搜索外部信息的能力。其次，对于搜索到的信息，结果往往数量庞大，相关性比较低，常令人无所适从，必须进行科学的整理、分析，才能变成能够反复应用的馆藏。分类整理这些图书馆最传统的专业知识，就是信息处理的能力。图书馆应开设文献检索与运用课程，对师生进行文献资源检索运用方法的培训，教授查找运用资料的手段和方法，帮助广大师生利用好图书馆资源。

（2）读者服务能力。阅读素养的培养是个人学习能力、个人素养提升和终身发展的重要基础，且已成为衡量国家社会文明和综合国力的重要指标。在当前社会竞争越来越多地体现为服务竞争的时候，信息服务能力更应该成为图书馆员核心能力的重要组成部分。应培养读者的阅读意识、图书馆意识、信息意识，培养读者利用图书馆资源的工作能力。馆员应该能够指导中小学生学会使用机读目录查询图书，上网浏览、查找、下载文献资源。

（3）组织能力和策划能力。这是图书馆工作人员开展各项活动所必须具备的能力。每一项活动都需要精心策划、组织实施和检查总结，这样才能取得预期的效果。

四、志愿者队伍建设

志愿者队伍一般由教师与学生（主要是学生）组成，也可以称为义工队伍、学生管理员、图书馆助理等。志愿者队伍可以缓解中小学图书馆员不足的问题，还能提高学生利用图书馆的意识与技能、强化学生劳动和合作观念，还能作为沟通图书馆与读者的桥梁。此外，一些地区的农村中小学图书馆或阅览室配备的图书，从内容到质量较为低下，难以吸引师生的阅读兴趣，更不会给师生提供丰富的精神食粮，因此今后一个时期的农村学校"精准扶贫"，不会单集中在提高图书装备水平和质量等软件建设上，还需要提供与志愿者教师队伍素质密切相关的师资培训，努力提高教育教学质量。志愿者队伍建设也可以参照公共图书馆的经验标准进行建设。

（一）招募流程

通过发放招募通知、指导填写申请表、组织面试、培训试岗等流程，组建中小学图书馆志愿者队伍，年龄较低的学生可以采用"学生＋家长"组合。

（二）队伍构成

管理组：主要负责协调学校与其他各组成员之间的日程安排、业务交接。

日常组：主要负责图书馆的借阅流通、阅览室（排架、导航、常规问题解答）、图书加工（盖章、分类、贴条形码、贴磁条、贴书标等）。

推广组：主要负责新书推荐、节假日活动、新媒体宣传、读者调查等活动。如江阴图书馆的志愿者经过岗前培训后，除了可以常年参与图书馆借阅服务、窗口排架工作，还可以参与"暨阳大讲坛""种子乐读故事会""名师面对面""今天我当班"等十余项公益活动。

（三）考核表彰

每学期，当图书馆志愿者队伍相对稳定以后，可以定期开展服务之星评比。根据签到情况掌握每个志愿者的出勤情况，根据业务表现对各组成员进行考核。学期末，学校召开总结表彰会议，对优秀的负责人、志愿者进行表彰。比如，江阴图书馆每年年终都由活动举办单位评选出本年度"最善意志愿者"十名，颁发证书和文化创意礼品。

第三节　统计与评估

教育督导部门要把图书馆建设与应用工作纳入依法治校中，作为中小学校综合督导评估和义务教育均衡发展评估认定的重要内容，完善评估标准和实施细则，定期开展应用管理评估工作，并将评估结果纳入学校管理考核，督促和指导相关工作。应加强中小学图书馆和相关出版领域的行业标准和业务规范的制定和执行工作，不断推进图书馆建设管理的制度化、规范化和专业化。

一、中小学图书馆统计工作

图书馆统计工作是指对图书馆工作和对图书馆事业进行调查、统计和分析，提供统计资料，制订数量指标，实行统计监督，研究图书馆统计方法，对图书馆各项工作进行评价。图书馆统计工作是图书馆实行量化管理的主要途径和手段，也是中小学图书馆科学管理的基础、前提和重要手段。

（一）中小学图书馆统计工作的意义

图书馆统计工作对发展中小学图书馆事业起着重要作用：可以为图书馆制订计划、作出决策提供重要依据；可以用来监督图书馆工作，调动图书馆工作人员的积极性；可以为图书馆管理控制提供反馈信息，帮助馆员研究读者阅读规律、指导阅读。

（二）中小学图书馆统计工作的内容

中小学图书馆统计工作流程由统计调查、统计整理和统计分析组成。统计内容主要包括：设施统计（包括功能区分布情况、设备情况等）、读者统计（包括读者类型、到馆率等）、文献利用率统计（包括馆藏分布、读者借阅率等）、服务统计、经费统计等。

（三）中小学图书馆（室）常用的五项效益指标

1.藏书利用率，是指馆藏中被读者借阅的数量占全部馆藏总数的百分比：

读者借阅总册数 / 图书馆藏书总册数 ×100%

2.书刊流通率，是指书库和阅览室的藏书被读者借阅的数量所占百分比：

某库某室在一定时间由读者借阅总数 / 某库某室的藏书总数 ×100%

3.读者到馆率，是指读者全年到馆的平均次数：

全年到馆读者人次 / 读者实际人次 ×100%

4.读者借阅率，是指平均每个读者所借书刊资料的数量：

全年借阅总册次 / 读者实际借阅人次 ×100%

5.图书拒借率，是指读者在图书馆未借到的书刊数量占读者所要借的书刊总数的百分比：

未借到的书刊资料总册次 / 读者所需要的书刊资料的总册数 ×100%

2016年，吉林省对中小学校进行评估抽检，对评估学校在图书馆建配管用等方面进行调查，发现一些好的做法和存在的问题，总结实践经验并提出几点思考，以期进一步改进图书馆工作，真正发挥其教育教学功能。数据统计见表3-2。

表 3-2 吉林省中小学图书馆（室）数据统计分析 [1]

表 3-2-1 藏书量、报刊、工具书相关统计表

学校类型	生均册数	图书缺口量（册）	报刊平均尚缺种类（种）	达标学校百分比（%）	工具书平均尚缺种类（种）	达标学校百分比（%）
小学	26	9172933	32	4.75	60	15.74
中学	36	6100473	48	2.33	90	14.44

表 3-2-2 藏书量类别统计表

类别	一类数量（册）	比例（%）	二类数量（册）	比例（%）	三类数量（册）	比例（%）	四类数量（册）	比例（%）	五类数量（册）	比例（%）
小学	1430485	6	1498412	6.3	14228001	59.7	4273578	18	2406926	10
中学	675944	5	1035800	7.5	7730583	56.2	2955271	21.4	1361861	9.9

表 3-2-3 图书馆（室）设施统计表

学校类型	学校数（所）	面积合格学校数（所）	面积合格百分比（%）	有电子阅览学校数量百分比（%）
小学	1948	1022	52.46	13.30
中学	790	401	50.75	12.87

表 3-2-4 图书馆（室）信息化统计表

学校类型	学校数（所）	有软件管理学校数（所）	百分比（%）
小学	1948	462	23.72
中学	790	291	36.84

表 3-2-5 图书馆管理人员情况调查表（单位：人）

学校类型	总数	专职	兼职	图书馆专业毕业人员
小学	2838	442	2396	6
中学	936	347	589	5

从表 3-2-1 显示的数据可知，小学和中学藏书生均册数都没有完全达到图书配备基本标准。从表 3-2-2 显示的数据可以看出，在五大类别的比例上还不符合国家标准。从表 3-2-3 可以看出，小学、中学图书馆（室）面积合格的比例都在

---

[1] 倪青义.吉林省中小学图书馆（室）评估分析与思考［J］.中国教育技术装备，2017（23）：71-72.

50% 左右。由表 3-2-4 可以看出，小学、中学自动化管理水平整体好于小学。由表 3-2-5 可以看出，图书馆（室）管理人员兼职比较多，图书馆专业毕业或具有专业能力的人员比例低。

二、中小学图书馆评估

图书馆评估工作是对图书馆工作全面、系统地进行定量、定性地考核和评价的过程。中小学图书馆评估是中小学图书馆科学管理的主要方法之一，其评估结果是各级教育部门决策的重要依据。评估可以改善中小学图书馆的办馆条件，可以激励中小学图书馆深化人才的使用机制，可以促进中小学图书馆制度的规范化，可以提升中小学图书馆的整体服务质量。

2003 年版的《中小学图书馆（室）规程（修订）》中就指出："各地教育行政部门要加强对中小学图书管理工作和中小学图书馆（室）建设工作的检查指导，并将其列为对中小学校综合督导评估的一项内容。"[1] 可以说，修订版《规程》的颁布在全面、大力地推动我国中小学图书馆建设发展的同时，更开启了重要的中小学图书馆评估工作。新《规程》又规定：地方各级教育行政部门应当建立健全出版物采购廉政风险防控机制，定期组织开展中小学图书馆藏书质量和管理服务的督导评估，推动提高馆藏文献信息质量和服务效能。图书馆建设与管理工作纳入学校和校长考核体系。

为了保证评估结果准确、公正，必须要组成一支包括基础教育行业、图书馆行业、第三方机构、读者、学校自身等方面的评估主体队伍，构建多元化评估主体体系，并加以管理和保障，使其在实施评估行为的过程中能够多视角、深层次地发现问题，提出问题，真正有力地推动中小学图书馆事业科学、迅速地发展。

（一）评估标准

树立正确的图书馆评估标准和方法，是评估工作的核心问题。

中小学图书装备包括图书与图书馆（室），同时图书装备又属于教育装备。

---

[1] 中华人民共和国教育部. 教育部关于印发《中小学图书馆（室）规程（修订）》的通知［EB/OL］.［2018-03-25］. http://old.moe.gov.cn/publicfiles/business/htmlfiles/moe/moe_716/201006/88596.html.

因为中小学教育装备具有配备标准和质量标准两种类型，所以中小学图书装备就出现了图书配备标准、图书质量标准、图书馆（室）配备标准以及图书馆（室）质量标准这四种类型。

（二）评估内容

图书馆建设包括"硬件"和"软件"两部分。硬件主要指图书装备，包括馆舍、设施、藏书量、经费、现代化技术装备等；软件包括领导体制、管理队伍建设、基础业务建设、读者服务、科学管理等。具体如下：

1.办馆条件要素指标：（1）设施——馆舍、配置；（2）现代化技术装备、经费、管理人员、馆藏数量和质量。

2.基础业务建设要素指标：（1）文献年藏量；（2）文献标引与著录；（3）目录设置、组织、管理；（4）藏书组织管理；（5）自动化、网络化、数字化建设。

3.读者服务要素指标：（1）读者满意率；（2）普通服务；（3）检索、咨询服务；（4）读者活动。

4.业务研究、辅导、协作协调要素指标：（1）业务研究；（2）业务辅导；（3）协作协调，资源共享。

5.科学管理要素指标：（1）领导体制；（2）人事管理；（3）责任管理制度；（4）环境管理；（5）防护管理。

6.表彰、奖励要素指标：（1）文明建设；（2）读书活动；（3）论文发表、著作发行等获奖情况。

（三）评估面临的问题

1.评估主体不够全面

目前我国最普遍的评估主体体系包括教育行政部门官员、教育技术装备部门人员、受聘的基础教育、高教系统图书馆专家。所进行的评估基本上是基于教育系统内部的自我评估，不利于发现问题和不足[1]。

因此，应从"内部评估"逐渐转向"外部评估"，两者共同存在，共同参与，相互配合，均衡发展，特别需要读者评估和行业外第三方机构评估。第三方评估

---

[1] 钟伟.中小学图书馆评估主体研究［J］.图书馆界，2012（5）：80.

机构是指专业从事各类评估、咨询、质量认证、审计等活动的商业或学术机构。保证图书馆评估的完整性、科学性和客观性的有效途径之一就是第三方专业性评估机构的参与。他们不易受到各种主观因素的影响且具有职业化优势，所追求的是评估过程和评估结果的独立性和公正性。Softlink 是一个具有全球影响力的澳大利亚公司，对学校、学术、社会、法律和专业图书馆提供知识、内容和图书馆管理解决方案，超过 50% 的澳大利亚中小学图书馆都使用 Softlink 的产品。自 2010 年以来，Softlink 承担着澳大利亚中小学图书馆的调查工作①。

2. 重数量轻质量

评估指标中将图书馆藏书量作为一项基本的硬性指标列入其中，规定生均图书拥有量和生均图书年递增量的合格标准。由于藏书量的多少从一个侧面反映了一个图书馆的规模和提供信息服务的能力，因此一些基础较薄弱的图书馆在临近评估的过程中，为达到藏书的数量，盲目增加复本量，找一些早应该剔除的盗版的劣质图书来充数。而相应的藏书质量指标在评估体系中没有分值体现，严重影响了馆藏质量。

所以，在图书馆整体评估指标体系中，重点要对文献资源质量、服务提供能力、馆员队伍建设进行评估。

3. 重考评轻绩效

文献资料除了实物，电子读物及各种文献数据库所占比例也越来越大，文献载体呈现多元化发展趋势。文献资源的利用率和投资效用，如投资购买的网站、数字资源、数据库等是否长期运用于参考咨询及科研成果也应着重关注。

因此，应将参考咨询工作及读者满意度作为评估读者服务工作的重点。此外，应增加反映图书馆学术成就的指标，如将科研成果显著作为附加分。

三、中小学图书馆等级评估

（一）中小学图书馆等级评估流程

中小学图书馆等级评估是教育主管部门对学校图书馆工作开展的主题评估，

---

① 蒋南，宋红.《2013 澳大利亚中小学图书馆调查报告》的思考与启示［J］.科技情报开发与经济，2014，24（17）：144.

具有组织严密、内容全面、指标系统、结果量化的特征,有较强的权威性和专业性。

中小学图书馆等级评估流程有:第一步自评,即参评学校学习有关文件,明确参评目的,对照评估要求和细则进行自我评估;第二步申报,即根据自身情况,确定申报等级,填写申报表,向所属教育技术装备部门申请初评;第三步初评,县、区教育技术装备部门对学校进行初评,提出整改、指导意见,对初评合格的学校签署初评意见,并上报市教育技术装备部门;第四步复评,市教育技术装备部门根据上报的材料,组织专家进行复评,对通过复评的图书馆材料进行收集、汇总,上报省教育技术装备部门;第五步检查确认,省教育技术装备部门根据各市上报的材料,组织专家进行检查并确认,对通过的学校,由省教育厅发文通报,对一级馆授予铜牌。

(二)江苏省中小学图书馆等级评定

江苏省图书馆等级评定,包括合格图书馆、示范图书馆、优秀图书馆等评比。如《江苏省中小学图书馆建设标准》分为三个层次:一级图书馆(示范图书馆);二级图书馆(先进图书馆);三级图书馆(合格图书馆)。其中中学图书馆等级评定实施细则(部分)见表3–3。

表3–3　江苏省中学图书馆等级评定实施细则(部分)[①]

评定项目		评定内容(C级)	分值	自评	初评	复评
A1 基本建设 95分	B1 组织领导 14分	C1:有一名校长分管图书馆工作,能经常了解并解决图书馆存在的问题,没有不记分。	3			
		C2:馆长由校长聘任,并享受教研组长或中层待遇,达到要求记2分,达不到要求不记分。重点中学、示范学校必须由熟悉业务的专职人员担任馆长,馆长由教导主任或其他人员兼任的,应增聘一名熟悉业务的人员任副馆长。不符合要求扣2分。	4			
		C3:图书馆建设应纳入学校整体发展规划,学校应做到对图书馆工作期初有计划、期中有检查、期末有总结,并定期研究图书馆工作。缺一项扣1分。	4			
		C4:学校应有计划地安排图书管理人员的业务进修,关心和解决管理人员政治、工作和生活中的困难。视情况记分。	3			

① 江苏省教育厅.江苏省中学图书馆等级评定实施细则[EB/OL].[2012–10–09].http://www.gyedu.net/ news/djzb/jsgf/2012–10–09/291.html.

续表1

评定项目		评定内容（C级）	分值	自评	初评	复评
A1 基本建设 95 分	B2 队伍建设 16 分	C5：一级馆专职人员不少于5人，二级馆不能少于3人。每少1人扣1分。	5			
		C6：文化程度及专业要求：馆长应达到大学本科学历，其他人员应达到大专以上学历。所有工作人员应经过市级以上图书馆专业培训，持证上岗。学历比例未达标扣2分，不参加培训每人扣1分。	4			
		C7：年龄要求：男50岁、女45岁以下人员占50%；退休前三年进馆人员不超过1/4；能操作计算机的人员应占1/3以上，一级馆人员应全部能操作计算机。一项不符合扣1分。	4			
		C8：应保持人员相对稳定，五年内馆长更换不超过2人，管理员更换不超过50%，一项不符合扣2分。	3			
	B3 馆舍条件 22 分	C9：一级馆馆舍面积高中不低于2000m²、初中不低于1300m²，高中36个班、初中24个班以内按每生1m²计算；二级馆高中不低于1300m²、初中不低于700m²，高中36个班、初中24个班以内的每生按0.8m²计算；高中超过36个班、初中超过24个班的学校，按每人0.2m²计入总面积。每缺少20%扣1分。	4			
		C10：馆内借书、阅览、参考咨询、教学研究、学术报告、影视欣赏、文化娱乐等功能齐全，视实际情况记分。	2			
		C11：教师阅览按教师人数1/3设座位，每缺10%扣1分。	2			
		C12：学生阅览按学生人数1/12设座位，每缺10%扣1分。（师生阅览座位可合并相加计算，共4分）	2			
		C13：电子阅览室高中不低于60座，初中不低于40座，每座1机。一级馆不足不记分，二级馆每低于10%扣1分。	3			
		C14：馆内各部门应配齐管理专用计算机，二级馆不少于4台，每少1台扣1分。	3			
		C15：多功能读书报告厅、借书厅、采编室、卫生间或洗漱室、储藏室等辅助用房齐备。不足酌情扣分。	3			
		C16：馆内外环境高雅和谐、宽敞整洁、安静优美、采光充足，书架、阅览桌椅高矮适中、布局合理、使用方便。不符合要求酌情扣分。	3			

续表2

评定项目		评定内容（C级）	分值	自评	初评	复评
A1基本建设95分	B4设备设施18分	C17：计算机管理软件必须能接收、输出文献编目标准数据，能够实现联合编目，资源共享。一级馆达不到不记分，二级馆达不到扣2分。	4			
		C18：书架、市橱能满足本校应配备的全部藏书放置需要，使用《中图法》体系组织排列。排架过挤视情况扣分。	3			
		C19：报刊架以满足本校订阅的报刊使用为标准，不挤不压，宽松放置。不足视情况扣分。	3			
		C20：书库、阅览室应配有消毒设备、通风换气设备、防霉驱虫剂、消防器材、窗帘、干湿度计等，对可能影响书刊安全的门窗可选配防盗设备。缺一种扣1分。一级馆阅览室应配备空调，书库应配抽湿机，没有扣2分。	4			
		C21：应有文件资料柜、装订机，一级馆还应配备复印机、扫描仪、打印机、塑封机等设备。缺一种扣1分。	4			
	B5文献信息资源25分	C22：生均藏书：36个班以内的一级馆高中50册、初中45册、24个班以内的初中40册；36个班以内的二级馆高中40册、完中35册、24个班以内的初中30册；高中超过36个班、初中超过24个班，按每生20册计入总册数（含电子图书，但电子图书数量不超过总藏书量的40%），每缺10%扣1分，低于60%不记分。一级馆的学校必须有数字资源库，本地区已建数字图书中心或城域网中有数字图书资源库，则可省略。没有扣2分。	5			
		C23：订阅报刊资料一级馆250种、二级馆200种以上，缺10%扣1分。	4			
		C24：配齐各学科必备工具书、教学参考书，应能满足教学需要。不足视情况扣分。	5			
		C25：藏书结构应符合教育部《中小学图书馆（室）规程》要求，知识内容全面，国家一级出版物占50%以上的，2分；还应有与学校培养教育目标相适应的核心资源和体现学校办学特色的书刊及校本教材，品种丰富、复本适量，2分。	6			
		C26：图书数量达标后，一级馆还应保证每年每生增加不少于15元新书；补充更新数字资源库。二级馆每生每年增加不少于10元新书。每生少5元扣1分，少于60%扣2分，少于40%扣3分。	5			

续表3

评定项目		评定内容（C级）	分值	自评	初评	复评
A2 科学管理 95 分	B6 常规管理 25 分	C27：有文献资料的采编、加工、借还、保管、赔偿、清点、剔旧等内容的管理制度和工作人员职责；采用计算机管理的，应有计算机操作使用制度、电子阅览室规则、电子阅览室使用记录。缺一项扣2分。	6			
		C28：有工作人员分工细则，没有不记分；分工不明、执行不力、配合不好扣2分。	5			
		C29：图书馆应有学期工作计划和总结，有完整的新书宣传介绍、读书活动、专题讲座等业务工作资料档案。没有不记分，缺一项扣1分。	6			
		C30：图书馆应有采购、验收、登记、分类、编目、典藏、流通、阅览等业务工作细则，有符合本校培养教育目标的图书采购原则及采购计划。一级馆缺一项不记分，二级馆缺一项扣1分。	8			
	B7 文献管理 70 分	C31：合理使用图书经费，遵循采购原则和本校采购重点，采购图书，及时补充适应新课程标准的教育教学及学生阅读的图书，保证重点、兼顾一般。严格办理验收手续。采购不当酌情扣分，验收手续不全扣3分。	8			
		C32：图书和装订后的过刊应分别设立总括、个别、注销登记账册；现刊应设个别登记账，实行计算机管理的应使用计算机打印各种账册。一项不符合要求扣2分。	6			
		C33：新书登录记账时应规范用字，做到清楚、正确、字迹工整，项目齐全，账账相符、账物相符。视情况记分。	6			
		C34：所有图书、电子读物按《中图法》分类并适当掌握分类级次，G6类下的教学参考书应分到五级类目，分到学科；文学作品应分足级，到五级以上。期刊按《中图法期刊分类表》根据各校实际情况分类，图书分类过粗扣5分、电子读物扣1分；分类明显错误，视情况扣分。	10			
		C35：以国家标准《文献著录总则》为依据，对书刊及音像资料进行标准著录编目，不符合要求的，酌情扣分；实行计算机管理的应采用标准编目语言格式进行著录，能从题名、作者、分类、主题四个方面检索书目，一项不符合扣1分。	8			
		C36：图书上应加盖馆藏图章，号码齐全，图书标签颜色、形状一致，粘贴位置整体划一，索书号书写工整、清楚，一项不符合扣1分。	4			
		C37：购进新书应及时分编加工，投入流通；新刊到馆要当天盖章、签到整理、上架阅览。书刊有积压视情况扣分。	4			

评定项目		评定内容（C级）	分值	自评	初评	复评
A2 科学管理 95 分	B7 文献管理 70 分	C38：书刊架排列科学合理、整体美观、方便读者使用，书刊、书架应整洁无尘。依《中图法》分类体系组织藏书，按知识内容实行书刊一体、藏借阅一体的方式或特色管理方式组织馆藏，分类号顺序不乱；书架上大小架标齐全，标识清楚、明确；核心期刊应按年度装订、入账、排架借阅。一项不符合扣1分。	8			
		C39：每2~3年清点一次所有藏书并做好清点记录，及时剔除清理破烂不堪、内容不健康、复本过多、套册不全的图书和教材，更换二次后的教学参考书、习题集的复本。丢失及剔除的图书应严格办审批手续，及时处理账、卡，做到账、书、卡一致；实行计算机管理的，及时清理丢失图书的数据，并按年度打印注销清单。一项不符合扣1分。	8			
		C40：切实做到防盗、防火、防晒、防潮、防虫蛀、防鼠咬、消毒、通风换气、照明等工作。使用计算机管理的，还要做好数据安全保护工作。及时修补破旧书刊，延长书刊使用寿命，一项不符合扣1分。	8			
A3 读者服务 110 分	B8 常规服务 34 分	C41：教师全天开放，学生借书阅览每周开放不少于5天，每天不少于2小时，一级馆每天不少于3小时，寒暑假每周至少开放一天，有住校生的一级馆应实行晚间开放，并实行"无休息日制度"。一项不符合扣3分。	8			
		C42：对师生要实行全开架借阅，二级馆没达到扣2分。	4			
		C43：新生进校应发放《读者手册》或《读者须知》，开办讲座，使学生了解图书馆基本情况和图书馆常识。学生发放借书证应为100%，二级馆达不到80%扣4分，达不到60%不记分。	6			
		C44：每学期生均借书一级馆不少于10册、二级馆不少于8册，实行阅约合一的，应达到60%。每缺2册扣2分。	8			
		C45：解答读者有关书刊方面的咨询，并做好咨询记录；代表者查找所需资料，或提供检索途径指导读者查询；开展书刊预约或为书找人服务，每项4分。	8			
	B9 信息服务 42 分	C46：多种途径收集教育、教学、科研资料，并编辑加工、规范管理，及时传递，4分；充分利用网络广泛搜集国内外最新教育动态和教学科研前沿信息，搜集适应本校教育培养目标的教育资源为教育教学服务，6分。根据达到的程度给分。	10			

续表5

评定项目		评定内容（C级）	分值	自评	初评	复评
A3 读者服务 110 分	B9 信息服务 42 分	C47：能与外校进行文献信息资料交流，如示范课、教学论文汇编；从网上进行信息交流，如通过 Z39.50 通信协议和标准的 MARC 进行网上联机编目；通过城域网或 Inter 网实行馆际互借、资源共享；能开展网上教育教学的参考咨询服务。每项 3 分。	12			
		C48：能通过藏书分布、信息点分布、管理和服务的灵活方式，方便读者，为课程改革和学生研究性学习开展广泛性与个性化服务。每项 4 分。	12			
		C49：应开展科学研究，参与校本课程开发，有图书馆员参与的 4 分，以图书馆员为主的 8 分。	8			
	B10 二次文献及育人服务 34 分	C50：编制新书简介，每学期至少 2 次；为学校的教学、教科研和重大活动编制馆藏推荐书目，每学年至少一次；为重点学科教学编制书刊题录索引，每学期 500 条以上；举办新书展览，每学年至少一次；按学生学龄段制订或指导学生制订利于学生成长和学科教育的必读书目。每项 2 分。	12			
		C51：开设阅读辅导（包括电子阅读）、文献检索（包括网络资源检索）、图书馆活动课，并纳入教学计划，对学生进行阅读和利用图书馆知识的教育。没有排入课表、没有教案各扣 3 分，没开展此项工作不记分。	12			
		C52：发挥图书育人功能，每学年拟定专题开展一次以上的读书笔记展、剪报和文摘展、书评、征文、演讲等活动。每项 2 分。	10			
A4 附加 30 分	B11 现代技术 12 分	C53：图书馆建有无线网的加 1 分；建立图书馆网页，每学期内容至少更新 2 次加 1 分，二级馆加 2 分。	2			
		C54：数字资源与自动化图书馆书目能在网上实现馆际间查询的加 2 分；能与当地区域图书馆中心联网共享数字资源的加 2 分。	4			
		C55：能对多媒体数字资源进行编目，并提供网上检索的加 1 分。	1			
		C56：一级馆有二个数字资源库，二级馆有一个数字资源库的加 2 分。	2			
		C57：图书馆内信息点超过要求 50% 的加 1 分。	1			
		C58：36 个班及以下学校，一级馆全校能检索到图书馆信息的联网信息点达学生总数 1/12，二级馆达 1/15 的加 1 分；一级馆达 1/10，二级馆达 1/12 则加 2 分。	2			

续表6

评定项目		评定内容（C级）	分值	自评	初评	复评
A4 附 加 30 分	B12 学 术 成 果 10 分	C59：图书馆参与或承担市级以上科研课题，每项加2分，最多加4分。	4			
		C60：近三年图书馆集体或工作人员个人在市级以上会议交流或市级以上刊物发表的文章每篇加1分；省级以上的每篇加2分，国家级加3分，最多加3分。	3			
		C61：近三年图书馆工作人员受市级及以上表彰或记功的，1人加0.5分；受省级以上表彰或记功等的1人加1分，最多加3分。	3			
	B13 其 他 8 分	C62：实行无休息日制度的加2分；二级馆每周晚上开放超过2次的加1分。	2			
		C63：本馆参加县区级以上中小学学术组织并正常参加活动的加1分，本馆人员担任县区及以上学术组织常务理事以上职务的加1分。	2			
		C64：建设有特点、管理有特色、服务有特长的加1分。	2			
		C65：建有相对独立图书馆楼的加2分。	2			

第四讲
理论与方法

第一节　相关理论介绍

一、儿童阅读是全民阅读的突破口，对社会发展具有战略意义

"阅读不能改变人生的长度，但它可以改变人生的宽度！……阅读不能改变人生的起点，但它可以改变人生的终点！……"

"你的阅读造就了你！"

"你的气质里藏着你走过的路、看过的书！"

……

虽然并非人人都热爱阅读，但似乎人人都不反对热爱阅读是件"好事"！甚至有人认为"天下第一等好事就是读书""读书是世界上门槛最低的高贵举动"。对于阅读的讴歌，从来都不绝于各类媒体和报端，自媒体的发达更带动了这类信息的广泛传播。这诗一般的语言，将阅读的作用描述得淋漓尽致。

毫无疑问，阅读关乎国民素质的提升、民族发展的未来，是建设学习型社会、创新型国家的重要抓手。近年，我国对全民阅读的重视又提升到一个全新的高度。2012 年，"全民阅读"被写入十八大报告；从 2014 年起，"倡导全民阅读"连续五年被写入政府工作报告。多部委推进全民阅读的地方性法规先后出台：

《江苏省人民代表大会常务委员会关于促进全民阅读的决定》于 2015 年 1 月 1 日施行；《湖北省全民阅读促进办法》于 2015 年 3 月 1 日起施行；《深圳经济特区全民阅读促进条例》于 2016 年 4 月 1 起施行；《四川省人民代表大会常务委员会关于促进全民阅读的决定》于 2016 年 4 月 23 日起施行；《吉林省全民阅读促进条例》于 2017 年 12 月 1 日起施行。《全民阅读促进条例》于 2013 年和 2014 年连续两年被列入国务院立法工作计划，其征求意见稿于 2017 年 3 月 31 日开始公开征求社会各界意见。与此同时，全民阅读促进工作在全国火热开展，据不完全统计，全国有 700 多个城市开展全民阅读活动，31 个省区市都有自己全民阅读活动的安排。

作为全民阅读的重要组成部分，儿童阅读也当然应该获得重视。

在我国，关于儿童有多种称呼，如青少年、未成年人等。但联合国《儿童权利公约》规定："儿童系指 18 岁以下的任何人，除非对其适用之法律规定成年年龄低于 18 岁。"《儿童权利公约》于 1992 年在我国正式生效。本书遵循国际惯例，提及的儿童概念均以 0~18 岁为跨度，并以学龄儿童称谓学校图书馆的服务对象，即 6~18 岁的在校中小学生。

事实上，儿童阅读并非仅仅是全民阅读的一个组成部分，而是全民阅读的重点工程和基础工程，应该得到特别强调。因为，儿童阅读在全民阅读中扮演重要角色，发挥重要作用，被称为"根的工程、花的事业"，儿童阅读的作用甚至被认为"能够照亮整个国家"。

儿童时期是培养阅读兴趣和阅读习惯的黄金时期。意大利著名教育家蒙台梭利认为儿童具有学习敏感期，充分利用敏感期学习相关能力事半功倍，如果敏感期的内在需求受到妨碍而无法发展时，就会丧失学习的最佳时机，日后若想再学习此项事物，不仅要付出更大的心力和时间，成果亦不彰。她认为儿童书写敏感期为 3.5~4.5 岁，阅读敏感期为 4.5~5.5 岁[1]。美国教育心理学家则在研究中发现，0~3 岁是养成儿童阅读兴趣的最佳时期，3~6 岁则是培养儿童阅读能力的关键阶段[2]。美国心理学家陶森博士在《怎样做父母》一书中指出："爱书和爱读书的

---

[1] 海豚小豆子等. 儿童［EB/OL］.［2018-11-14］. http://baike.baidu.com/view/65319.htm.
[2] 儿童敏感期［EB/OL］.（2007-08-14）［2018-05-15］. http://baike.baidu.com/view/1098897.htm.

基础是在生命的头五年中奠定的。"①虽然研究结果指向的年龄段略有差异，但所有结果都无一例外指向童年，尤其是 6 岁以前的早期。

统计数据表明，成年人读书习惯的根在童年时期已经扎下，有 2/3 爱读书的成年人，在其 8~12 岁时就酷爱读书，不爱读书的成年人中有一半在儿童时期也不爱读书②。日本学者七田真认为，3 岁就能轻松阅读书本的孩子，终其一生都会有读书欲③。德国促进全民阅读专家认为，如果一个人到了 13 岁或最晚 15 岁，还没有养成阅读习惯，那么在他今后的一生中很难再从阅读中找到乐趣，阅读的窗户会对他永远关闭④。

综合以上两点，我们不难得出结论，如果能越早抓住"儿童时期"这一敏感期，我们就能更容易地让一个人爱上阅读，而且一爱就是一生！而错过童年时期，不但让一个人爱上阅读的难度加大，而且有可能是终生的损失！

很显然，在儿童中推广阅读，远比在成人中推广阅读具有更重大的战略意义：社会成本更低、影响却更深远。是否重视儿童阅读，反映了一个国家能否在涉及国家发展、民族未来的战略问题上进行宏观布局。在很多西方发达国家，儿童阅读推广往往被作为国家项目由政府主导，甚至有些国家领导人亲力亲为，并成为全民阅读工程的突破口。

所以，儿童阅读在全民阅读中具有决定性作用，要想实现全民阅读，必须从儿童抓起。儿童阅读是否被推广，决定着全民阅读的理想能否真正实现，全民阅读能否落到实处。儿童阅读具有战略意义，需要全社会的共识和关注，需要我们从国家发展和民族未来的战略高度予以推进。

学校是学龄儿童活动的主要场所，涵盖了 6~15 岁的所有儿童及 16~18 岁的大部分儿童，因此，学校在推动学龄儿童阅读、培养学龄儿童阅读习惯、提高学龄儿童阅读能力等方面扮演着不可替代的角色，逐渐成为儿童阅读推广的主要阵地之一，并发挥核心功能。

---

① 颜虹 . 图书馆开展分享阅读活动的意义与实施策略［J］. 河南图书馆学刊，2007（2）：51.

② 黄娟娟 . 0—3 岁幼儿阅读发展与培养［M］. 上海：上海科学技术出版社，2005：40.

③ 刘晓英 . 少年儿童图书馆与青少年阅读［J］. 图书馆工作与研究，2005（4）.

④ 迪科奕阳儿童阅读顾问公司，中国儿童阅读顾问网，中国阅读学会 . 中国儿童早期阅读现状与对策研究报告［EB/OL］.（2003-04-14）［2018-12-06］. http://learning.sohu.com/48/67/article20848 6748.shtml.

与此同时，伴随着时代和技术的发展，图书馆的专业服务也经历了文献服务、信息服务，进入到了阅读推广阶段，阅读推广成为图书馆服务工作的新趋势和新方向。丰富多彩的各类阅读推广活动，已经成为图书馆业务新的增长点和亮点。《中小学图书馆（室）规程》在第四条图书馆的主要任务中，把"组织学生阅读活动，培养学生的阅读兴趣和阅读习惯"作为中小学图书馆的任务之一。并在第二十七条中明确指出，中小学图书馆应该"积极创建书香校园，组织形式多样的阅读活动，促进全民阅读工作"。作为教育事业和图书馆事业的重要组成部分，中小学图书馆理应在学校阅读推广事业中发挥主力作用，把阅读推广当作学校图书馆的责任和使命。

二、阅读对儿童个体的发展具有重大意义

前苏联教育家苏霍姆林斯基曾说过："读书是教育最本质的活动，读书是学校最根本的任务，读书是发展学生最基本的途径。"[1] "让学生变聪明的办法，不是补课，不是增加作业量，而是阅读、阅读、再阅读。"[2]

阅读除了会给儿童带来跟成年人阅读一样的"好处"以外，还会对儿童产生更独特的作用、更重大的影响，因而对儿童而言，阅读显得尤为重要。

（一）阅读可以促进儿童大脑发育

人一出生，就会有 10 亿左右的脑神经细胞，这些脑神经细胞每 10 年大概减少 5%，获得开发利用的仅有 1/10[3]。美国"人类智力发展研究所"脑科专家格伦·多曼博士认为，把正常孩子培养成天才的奥秘就是对其大脑频繁、持久地施加刺激[4]。其全部过程，仿佛儿童在做"言语的推测性游戏"，促进大脑突触链接与形成脑回路，刺激大脑的发育与成熟。美国著名生理学家玛莉安·伍尔夫研究儿童阅读时大脑的变化发现，儿童阅读时左右大脑两个区域都一起运行，而成年人在阅读时，往往只有一个大脑半球在工作。美国著名神经科学家、《让孩子的大脑自由》的作者约翰·梅迪纳从神经科学角度验证了这一点："阅读对孩子的大脑有

---

① 王翠琪.中小学图书馆阅读推广工作的探讨与实践［J］.附件图书馆理论与实践，2015（3）：27.

② 杨婧.中小学阅读推广的现实困境与路径选择［J］.新教育，2017（2）下：28.

③ 倪嘉缵.如何预防阿尔兹海默症讲座 PPT.

④ 黄娟娟.0—3 岁幼儿阅读发展与培养［M］.上海：上海科学技术出版社，2005：39.

非常强大的影响，即使是大人在读，而孩子只是在看（您可以称其为二手阅读）。书是成本最低、回报最高的教育设备，它确实可以促使头脑发育。"[1]

（二）阅读可以发展儿童语言能力

儿童的语言能力包括听的能力、读的能力、讲的能力、写的能力。语言能力，是儿童所要发展的最重要的能力。学习语言的一般规律是，先输入，后输出，先会说，后会写。而阅读是最好的输入方式，童书所包含的生僻词是口语交流的三倍。丰富的词汇、恰到好处的修辞、语言的节奏和魅力、语法的规则，均可在潜移默化中习得。越早阅读，孩子的语言发展可能就越早，而且对语言能力的提升有良好的助益。

从很多家长关注的现实角度来说，阅读可以在不知不觉中解决孩子的识字问题。很小就爱阅读的孩子，基本都能在阅读的过程中，自然识得大量文字，并不需要特意教孩子认字。上学后，爱阅读的孩子会组词、会造句、作文好，这些都是语言能力强的具体体现。

尹建莉在《好妈妈胜过好老师》一书中写道："学好语文有很多要素，但是最核心最根本的方法就是阅读。通过阅读提高孩子的写作能力，表面上看是个漫长的过程，实际上它是最经济、最有效、最省心的办法，是真正的捷径。阅读是大技，其他所谓写作技巧是小技。有了大技，小技不请自来，没有大技，一切小技都不可能实现。"

（三）阅读可以将儿童的知识世界拓展到无穷

孩子的生活空间相对有限，能直接接触的世界相对有限，而阅读可以将儿童的知识世界拓展到无穷——动物、植物、历史、地理、宇宙、太空、人物等等。爱阅读的孩子懂得多、知识丰富，这是公认的事实。

而人类的阅读并不是被动地解读作者写出的东西，是依靠阅读者已有的知识背景和经验储备，以先验图式来主动解读。因此，阅读越多的儿童懂得越多，懂得越多能够获取的知识就越多，阅读会让儿童对于知识的学习进入良性循环。

---

[1] 孩子的童年只有一次［EB/OL］.（2014–04–02）［2015–07–13］. http://blog.sina.com.cn/s/blog_475b16640102ejbs.html?tj=2.

（四）阅读可以拓展儿童的思维版图，提高儿童的想象力、注意力、观察力和学习能力

知识是"鱼"，学习知识的能力和方法是"渔"。阅读的功效绝不仅仅是丰富儿童的知识本身，而是帮助点燃儿童的智慧火花，打开儿童的思维版图，发展孩子的思维能力、理解能力、领悟能力，即学习能力。研究者认为，从根本上说，阅读与语言、思考相关，学习能力可以通过阅读能力的培养而开发90%，甚至更多。读书过程论认为，人类在阅读时，会不知不觉开发思考力。儿童沉浸在阅读中时，能长时间地集中注意力，这是对儿童神经模式的训练。一个不认识字的儿童可以通过读图了解故事的发展，找到画面中隐藏的线索，并不连续的画面让儿童观察能力得到提高。而文字故事可以让一千个孩子读到一千个不同的哈姆雷特，产生内心图景，使儿童的想象能力得到充分发展。所以，爱阅读的孩子仿佛是被深耕过的土地，可以获得更长远的发展；爱阅读的孩子后劲足，孩子的阅读情况对未来学业发展具有指导作用。

（五）阅读可以让儿童获得精神成长，并帮助儿童形成正确的价值观

当孩子爱上阅读后，孩子会从学习阅读前进到通过阅读而学习。人类精神文明的成果是以书籍的形式保存的，而读书就是享用这些成果并把它们据为己有的过程。打开书本，缜密的逻辑、深奥的思想、崇高的境界、伟大的灵魂，都环拥着阅读者。阅读可以让人视通四海，思接千古，与智者交谈，与伟人对话。阅读可以让儿童经历他人的人生，间接体会作者或是主角的经验。阅读可以让孩子进入别人的思考，直接享用作者多年的思考成果。阅读可以穿越时空，让孩子把世界上所有的伟人都当作自己的老师。通过阅读，孩子可以发现人生一切美好的东西，包括责任、勇气、担当、宽容等等；通过阅读，孩子也可以觉察人生一切丑恶的东西，比如自私、冷漠。当孩子能够区分高贵与卑劣、正确与错误，他就会做出自己的选择。当孩子长大以后，就是用以前所阅读的东西、所体验的东西、所经历的东西、从书本当中获得的基本价值观，用感恩、慈善、友爱等这些最伟大的观念和知识在继续建设着成人的内心世界。

（六）阅读可以打造儿童的气质

腹有诗书气自华。我们的生活其实有两个世界：物质世界和精神世界。一个人的世界有多大，取决于这两个世界有多大。一旦儿童爱上阅读，他将在物质世界之外，建立起自己的精神世界，拥有更富有质感和更幸福的人生，并在持续阅读后，形成自己的书卷气质。

阅读对儿童自身发展具有重大意义，这一点，我们也可以从国际儿童读物联盟图书日历年的活动主题中有所感受："书籍是通往世界的窗户""书籍是和平的太阳""书籍是黑暗中的莹火虫""书籍是昨天的故事和明天的秘密""书籍是我富有魔力的眼睛"等等均传递了这种理念。

阅读对儿童的一生具有重要意义，无论怎么估计都不过分、怎么说都不夸张、怎么想象也不过头。图书馆员要对这一点有非常好的了解，才能让我们在阅读推广的过程中，将这一理念传递给孩子的父母，带动更多的成年人重视儿童阅读。

三、儿童阅读推广的概念

所谓儿童阅读推广，是指基于阅读对儿童和社会所产生的巨大影响，在儿童阅读的正确理念和科学规律指导下，通过各种方法向儿童和有引导能力的成年人介绍优秀阅读素材、阅读指导方法和阅读理念，带动儿童阅读，逐步引导儿童爱上阅读，提升儿童阅读能力，帮助儿童成为"自觉的、独立的、热诚的终身阅读者"的过程。

儿童阅读推广的概念，可以用下图 4-1 表示：

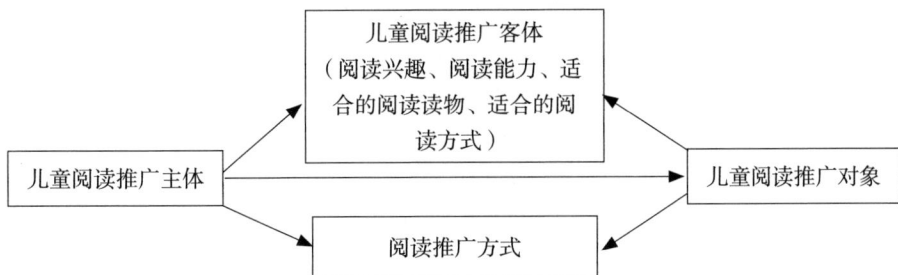

图 4-1　儿童阅读推广的概念

儿童阅读推广主体，是各类儿童阅读推广项目的策划者、组织者、实施者、管理者。

儿童阅读推广客体，是儿童阅读推广的内容，包括儿童的阅读兴趣、阅读能力、适合的阅读读物、适合的阅读方式四个层面，通常表现为四个层面的有机结合。

儿童阅读推广方式，是向目标群体进行推广所采用的方法、策略。

儿童阅读推广对象，不仅仅包括儿童，也包括成年人。

儿童阅读推广，当然意味着主动的姿态、积极的开拓，从性质上表现为主动传播[①]。

四、儿童阅读推广的系统化和构成

儿童阅读不仅仅表现为孩子与书的关系，当我们站在社会的层面上观察就会发现，那个小阅读圈深受其他因素的影响，而且反过来也深刻地影响这些因素。

儿童阅读涉及童书的创作、出版、发行、销售等各个环节，也涉及家庭、学校、社区、公共服务机构等各个空间。实际上，儿童阅读推广是一个涉及范围非常广的社会系统工程，这个系统工程可以用图 4-2 表示：

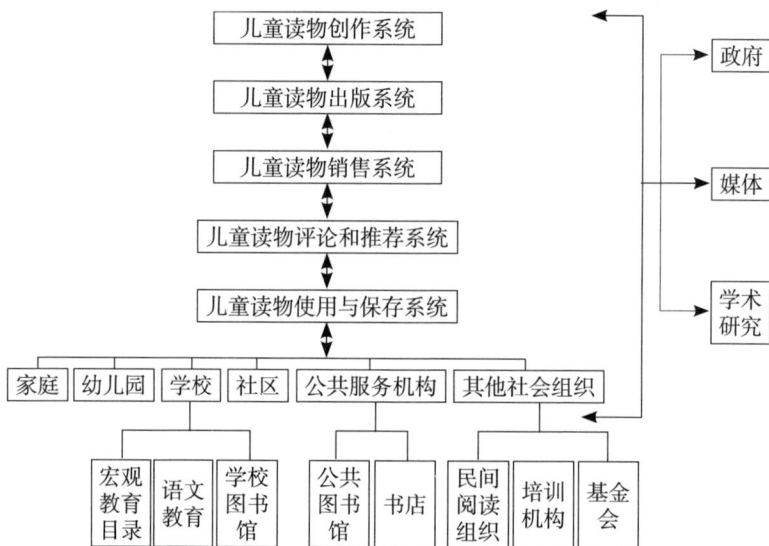

图 4-2　儿童阅读推广系统

我们可以把儿童阅读推广系统分为纵、横、总合三个子系统。从儿童读物的生产与流通过程来看，儿童阅读问题涉及童书的创作与出版、童书的推荐与评论、童书的销售与购买、童书的使用等各个环节，这是纵向系统；从儿童阅读的空间

---

① 儿童敏感期［EB/OL］.［2007-08-14］［2018-05-15］. http://baike.baidu.com/view/1098897.htm.

来看，儿童阅读问题涉及家庭、幼儿园、学校、社区、图书馆、书店等最主要的环境，这是横向系统。政府、媒体、学术研究等构成儿童阅读推广的总合系统，他们对儿童阅读推广纵向系统和横向系统的各个方面均构成影响。

在这个系统中，各个子系统共同构成儿童阅读推广系统的有机整体，各个子系统之间是互相影响的。比如，儿童读物出版系统深受儿童读物创作系统的影响，儿童读物创作系统必须创作好的作品才能使儿童读物出版系统获得不断发展。反过来，儿童读物创作系统也深受儿童读物出版系统和销售系统的制约，因为作家有时需要按照市场规律来创作，其作品才有出版的可能。在出版社，编辑可能为营销人员所牵制，思想性和主体性被削弱，让童书的销售系统反过来影响了童书的出版。

无论是发达国家还是发展中国家，只有政府、学校、家庭、图书馆、媒体、民间组织等各方力量及儿童读物的创作、出版、评论、使用等各环节协作推动，才能真正有效推广儿童阅读。

第二节　主要理念

一、儿童应该什么时候开始阅读？——"越早越好"

美国教育心理学家布鲁姆在《人类特性的稳定与变化》中，曾提出一个著名的假设：若一个人 17 岁时的智力发展水平为 100，则 4 岁时就已经具备 50%，8 岁时达到 80%，剩下的 20% 是从 8 岁到 17 岁的 9 年中获得的 [1]。1997 年 2 月，美国《时代周刊》《新闻周刊》同时刊登了美国幼儿大脑科学研究最新成果，文章指出：大脑发展的关键时期是婴幼儿阶段，即 0~3 岁，在这个阶段中，人的大脑迅速发展，形成今后智力、情感、运动、社会交往等各方面能力发展的基础 [2]。这些研究成果为婴幼儿早期教育提供了理论依据。

---

① 王琳 . 英美国家婴幼儿阅读推广项目研究及启示—基于拉斯韦尔 5W 传播模式［J］. 图书情报工作，2013（26）：85–90.

② 黄娟娟 .0—3 岁幼儿阅读发展与培养［M］. 上海：上海科学技术出版社，2005：151.

阅读是教育的核心和基础，0~6岁，尤其是0~3岁婴幼儿的早期阅读，是儿童阅读的重中之重。生命早期是帮助儿童建立阅读兴趣的最关键时期，早期阅读让幼儿将口头语言和书面语言对应起来，熟悉书面语言，产生对书本的亲近，激发阅读兴趣，建立可以延续一生的阅读习惯。所以，儿童阅读的关键在于早期阅读。

基于以上研究，关于儿童阅读开始的时间，应该秉持"越早越好"的理念。"越早越好"包含了两层词义：一是儿童的阅读从出生就可以开始，对于婴幼儿来说，与阅读有关的任何行为，如翻书、撕书等，都应该视为在阅读；二是儿童阅读最重要的是开始，只要开始，永远不晚。

美国学者认为，早期阅读的发展不是孤立的，它与口语、书写等技能相互关联、同时发展。所以美国图书馆界在进行早期阅读研究时，将阅读和写作并提，统称为儿童的早期读写。我国关于早期阅读的研究起步于20世纪90年代。2001年颁布的《幼儿园教育指导纲要（试行）》明确提出："利用图书、绘画和其他多种方式，引发幼儿对书籍、阅读和书写的兴趣，培养前阅读和前书写技能。"《中国儿童发展纲要（2011–2020）》提出：要促进0~3岁儿童早期综合发展。与美国不同的是，国内研究单纯关注早期阅读，很少将早期阅读与早期写作结合起来探讨。

对于中小学图书馆来说，我们必须意识到，虽然我们没有机会介入学龄儿童6岁以前的早期时光，但小学阶段依然是我们推动阅读的黄金时期。越是低年级、低年龄的学龄儿童，就越意味着阅读推广的重要性，8岁以前的时光尤为珍贵。对于入学时阅读状况已经千差万别的学生来说，尤其是对于那些没有在学前建立阅读兴趣和阅读习惯的学生来说，无论学生处在哪个年级、哪个年龄段，每一天的开始都弥足珍贵。

二、学龄儿童应该读什么？

（一）绘本阅读

绘本又称"图画书"，诞生于19世纪后半叶的欧美，是一种以丰富的图像语言来传达情感、强调图画和文字有机融合的儿童读物和书籍艺术形式。一个优秀的绘本，图画与文字可以分别讲出一个完整的故事，让不识字的孩子仅看画面就能看懂绘本，同时，文与图的融合又会讲出具有更多内涵的动人故事。绘本因此被称为最适合儿童阅读的图书形式之一，也被称为由父母讲给孩子听的书。

一个优秀的绘本，往往以其极具风格的图画、直观的表达、生动的题材、丰富的细节、优美的艺术，对儿童形成吸引力和感染力。在进行绘本阅读的过程中，儿童的观察力、想象力、思维能力、语言能力、数学意识、情感体验、审美能力等都能得到发展。因此，绘本作为一种题材和形式都极为丰富的书籍载体，具有多元的文化价值和教育功能，包括心灵教育、语言教育、审美教育、知识教育、能力培养等等。更重要的是，绘本可以激发儿童的阅读兴趣，培养良好的阅读习惯和阅读能力。新西兰儿童文学研究学者多罗西·怀特说："绘本是孩子在人生道路上最初见到的书，是人在漫长的读书生涯中所读到的最最重要的书，一个孩子从绘本中体会到多少快乐，将决定他一生是否喜欢读书，儿童时期的感受，也将影响他长大成人以后的想象力。"[①]

绘本 20 世纪 90 年代进入中国，成为目前最受中国父母追捧的图书形式，也成为图书馆收藏的主要品种之一。很多图书馆以绘本为载体，开展了丰富多彩的阅读推广活动，包括绘本推介、绘本演绎和绘本制作等。

（二）经典阅读

对于那些已经具备浓厚阅读兴趣和独立阅读能力的孩子来说，他们应该读什么？我们的回答是：经典。

经典是指那些有着持久的生命力，经过了时间和读者的考验，具有重要影响、经久不衰的著作，其内容或被大众普遍接受，或在某专业领域具有典范性与权威性，刊载有该领域内最基本、最根源的知识[②]。它们是文化的载体，是思维的荟萃，是智慧与品德的结晶，是精神遗产的大成。它们的价值被历史所认可，它们的权威性被历史所选择，它们的典范性被历史所证明。经典构成了文化，是人类智慧的积淀，无论语言、内容和情感都闪耀着永恒的人类之光，洋溢着文字美、内容美和思想美，拥有打动人心的永恒力量。读经典，是人类发展自身的精神品质和精神能力，是提高自身精神境界、改善自身精神面貌的必由之路，"经典阅读的价值不在实用，而在文化"。

---

① 张佳. 儿童绘本阅读推广工作初探［J］. 图书馆工作与研究，2012（8）：116–118.
② 许欢. 儿童传统经典阅读推广研究［J］. 图书与情报，2011（2）：7–10.

费尔巴哈说："人就是他所'吃'的东西。"美国诗人惠特曼在《有一个孩子向前走去》里说："有一个孩子每天向前走去，他看见最初的东西，他就变成那东西，那东西就变成了他的一部分……"儿童时期是一个人形成精神饥饿感并感觉最强烈的时期。当代教育学者朱永新认为，儿童用于建构未来成人内心世界的，正是他们14岁以前所阅读和体验到的东西。儿童时期所读的书，将影响儿童未来人生的走向；儿童时期所读的书，仿佛是寓言书，预告着孩子的未来。因此，儿童读什么书的问题，是影响他们成长的根本问题。在这个时期，儿童接触并阅读人类那些最伟大的经典著作，将有助于他们精神世界的提升，让他们获得心灵震撼、学识增添、视野开阔、思维深化，让他们人生成长获得无尽的文化滋养和智慧之光。

学龄时期也是儿童学业最紧张的时期，时间如此珍贵，孩子们当然要在最美的年华里、在有限的时间里，读最好的书，读那些经历过无数读者检验和时间沉淀、确已证明了它的价值和不朽的最好作品。

（三）传统经典阅读

作品被经典化的过程，是个动态的过程，不同的民族、不同的国家在不同时代都有自己奉为经典的著作。传统经典对于一个民族而言，恰似乳汁对于孩童，不断孕育催生出新的思想和知识。一个时代人文领域的各个层面，都是彼时该地该民族对传统经典消化吸收的结果。传统经典中的优秀文学，将灌溉和滋养儿童的心灵，使他们日后富有涵养和情趣；而圣哲格言，在为人处世方面，将给他们指引，避免其在成年后陷入困惑之中。阅读传统经典，可以"经天地，纬阴阳，正纪纲，弘道德，显仁足以利物，藏用足以独善"。[1]早在半个多世纪以前，著名教育家叶圣陶就指出："如果儿童到中学仍不接触传统经典的话，将来数典忘祖简直是毫无疑义的。"[2]

需要指出的是，阅读中国传统经典和读经不同，读经是以儒家经典为主，而中国传统经典涵盖的范围更广，除了儒家经典，还包括诸子百家、古典小说在内的杰出著作。

---

① 许欢.儿童传统经典阅读推广研究［J］.图书与情报，2011（2）：7–10.
② 同上。

（四）网络阅读与数字阅读

伴随着信息技术和网络技术的发展，网络阅读和数字阅读成为学龄儿童阅读中无法回避的问题。

与传统纸本阅读相比，网络阅读、数字阅读呈现出不同的特点，包括非线性、互动性、即时性、汇集性、匿名性。因此，网络阅读带给青少年一些负面影响，包括盲目性、随意性、肤浅性、猎奇性、迷恋性和恶意性。网络可以同时使用多个程序，也会导致注意力不集中。但同时，网络阅读可以使多元观点迅速被获取。此外，对于阅读有困难的学生，网络可当作一种接触与搜集信息较好、较舒适的方法，从这角度而言，数字阅读也可以作为一种阅读治疗的方法。

学术界把 1990 年以后出生的公民称为"数字原住民"，把 2000 年以后出生的，以移动互联网和移动信息终端为主要媒介的儿童称为"苹果世代"[①]。"苹果世代"一出生就面临无所不在的网络世界，网络就是他们的生活，数字化生存是他们主要的生存方式。学龄儿童早已经与他们所处的数字世界自然融合了，数字阅读早已经成为他们的一种阅读趋势和惯性行为。

很显然，时代在发展，我们对学龄儿童数字阅读和网络阅读的态度也必须转变，曾经的排斥、怀疑应转为接纳和促进。如何利用数字阅读、网络阅读提升青少年阅读能力，如何利用数字技术、网络技术为学龄儿童阅读推广服务，如何加强对学龄儿童数字资源和网络资源的指导，这些应该成为我们思考的重要内容。

三、学龄儿童应该怎么读

（一）分级阅读

分级阅读是指从儿童的年龄特征、思维特征、社会化特征出发，选择适合于不同年龄阶段儿童的读物并指导他们如何阅读的一种阅读方法和策略[②]。

分级阅读起源于发达国家，是一种成功的儿童阅读模式，是提高儿童阅读能力的有效方法。近年来，分级阅读模式已经成为国际儿童阅读的一个重要坐标，是一种世界性的阅读趋势。

---

① 陈丽冰.从青少年数字阅读探讨图书馆推广服务策略［J］.图书馆，2015（3）：93–96.
② 徐建华，梁浩光.少儿图书馆分级阅读指导的现状与策略研究［J］.图书馆论坛，2011（6）：247–252.

不同年龄的儿童有不同的生理和心理特点，其阅读兴趣和阅读能力有很大的不同，只有适合他们阅读的书籍才能真正打动他们。分级阅读是按照儿童的心智成长规律，提供适合某个成长阶段儿童特性的作品。因此，分级阅读深层的意义在于把握不同生理或心理年龄的阅读诉求，"什么年龄段的孩子读什么书"是儿童阅读的黄金定律。

20世纪中后期，英美等国开始制定和实行儿童读物分级制，将儿童读物进行分级，一些出版机构、学校、图书馆等推出各种分级阅读书目，帮助家长和儿童选择阅读文本。分级阅读的划分大致有四种：一是按照年龄分级，二是按照知识结构分级，三是按照媒体形式分级，四是按照性别分级[1]。国际上常用的"分级阅读体系"有A-Z分级的阅读标准、蓝思（Lexile）分级标准、DRA阅读发展评价体系、常识媒体（Common Sense Media）评级系统等等[2]。

跟随欧美，我国香港和台湾地区，分级阅读的推广也已进行了多年，20世纪分级阅读逐步进入大陆。《中国儿童发展纲要（2011–2020年）》提出："推广面向儿童的图书分级制，为不同年龄儿童提供适合其年龄特点的图书，为儿童家长选择图书提供建议和指导。"

2009年6月，南方分级阅读中心《儿童青少年分级阅读内容选择标准》和《儿童青少年分级阅读水平评价标准》通过国家版权中心的审核，成为国内分级阅读的首套标准。与国外成熟的阅读分级系统与阅读能力评定系统相比，我国颁布的首个分级阅读标准还比较粗糙。一是没有量化指标，比较难操作；二是没有对学龄前儿童的阅读能力与分级进行研究；三是仅针对文字型图书，无法适应当今多元化媒体阅读时代；四是没有与此对应的图书推荐网站供少儿朋友、家长老师们选择阅读的书目。

分级阅读的理论带动了分级书目的出现，也为学校图书馆的阅读推广提供了便利。一是图书馆可以将一些机构或专家的分级阅读书目推荐给学生、教师及家长；二是图书馆可利用分级理论指导馆藏书目购买和分类排架，让孩子更容易地找到适合不同阅读水平的书；三是图书馆可以针对分级的读者开展相应的阅读推

① 徐建华，梁浩光.少儿图书馆分级阅读指导的现状与策略研究［J］.图书馆论坛，2011（6）：247–252.
② 蔡晓丹.少年儿童图书馆分级阅读的时间与思考［J］.图书馆论坛，2011（4）：27–30.

广活动，让阅读推广向着精细化方向发展。

（二）亲子阅读

亲子阅读是儿童在父母的陪伴下一起读书或者是父母读书给孩子听的过程。亲子阅读是低幼儿童早期阅读的重要方式，对于小学低年级的儿童和尚未养成阅读习惯的其他年龄段儿童，亲子阅读同样适用。

亲子阅读可以在孩子情绪好的时间和地点进行，但我们特别推崇具有仪式感的睡前阅读时光。儿童与父母相互依偎，听到好听的故事和父母柔和的声音，他会感觉特别快乐和幸福，世界特别安全，生活特别美好。儿童也会因此情绪发展稳定并拥有足够内心安全感。德国儿童阅读专家可丝登·波伊（Kirsten Boie）指出："父母经常陪孩子一起看书讲故事，会带给孩子力量——这力量会伴随孩子一生"。而这种与父母一起读书时幸福的感觉，正是让孩子爱上阅读的关键原因。正如日本图画书之父松居所说："是父亲和母亲的声音让图画书发挥了作用，这些声音交织出的语言，将孩子引进了图画书的世界。"

可见，在学校图书馆的阅读推广过程中，尤其是在小学低段学生的阅读推广过程中，家长是学校需要依靠和发动的重要力量，亲子阅读依然是非常重要的推广方式。

（三）快乐阅读

与读了什么相比，儿童是否喜欢阅读更应该成为我们关注的问题。《朗读手册》作者崔利斯就曾经说过："我们只关注孩子读了什么，却忘了教孩子爱上阅读。"能否让孩子在阅读的过程中感受到快乐，把阅读变成"悦"读，是决定阅读推广能否成功的一个重要因素。让孩子在阅读的过程中感受到快乐，继而能够亲近书、喜欢书，最后享受阅读，这是我们阅读推广的终极目标。因此，快乐阅读，应该成为我们设计推广方式、寻找推广内容的出发点和方法论。

我们大力推行亲子阅读，是因为在亲子阅读过程中，父母的正确陪伴可以让儿童感受到温柔的亲子之爱、亲密的依恋关系，并在充满爱的氛围中喜欢上阅读。

快乐阅读也与分级阅读密不可分，因为阅读这种智力活动需要人生的阅历、经验去补充、阐释和完善作品的意义。当一本书超越了孩子的实际阅读能力，阅读就无法给孩子带来愉悦的感受，反之，一本内容适当的图书则会大大提升他们的自信，从而使他们喜爱阅读。

儿童能否快乐阅读还与成人的"儿童观"紧密相关。儿童阅读的新观念认为儿童就是儿童，儿童不是缩微的大人，也不是待成长的大人，童年是一个独特的成长阶段，有其自身独特的成长规律和诉求。引导儿童阅读，不应该站在成年人社会需求的立场上为孩子设立标准和框架，而应该充分观察和研究孩子的成长，为他们尽可能提供机会，并尊重他们的选择。儿童应当充分享有自主选择读物的权利，大人也应当进行积极地引导。比如，在为孩子选择课外读物时，家长应该理解趣味性的重要影响，从培养儿童的阅读兴趣入手，摒弃教育意味过重、艺术水准一般的作品，实现儿童文学观从"教育儿童的文学"到多元价值观的转变。家长也应该以宽容的心态来接纳孩子的实际阅读状态，关注媒体所推荐的读物但又要有个人判断，关注获奖的儿童图书但又要考虑专家眼光和孩子兴趣之间的距离。

儿童的阅读习惯容易受到伤害，儿童的快乐阅读应该得到成年人耐心细致的保护。对学龄儿童来讲，对快乐阅读影响最大的就是功利阅读。在学校的学科教育中，阅读很大程度上成为一种"功课"，具有内容确定、答案唯一、成绩评定等特点，而这些往往是体验阅读快乐的"天敌"，让孩子的阅读充满压力，让阅读的快乐感打了折扣。所以，学校图书馆推行的阅读应该是追求快乐的。比如，学生可以自由选择自己想看的读物，不做规定性要求、不评定成绩、不要求写读书报告、尊重每个孩子的读书感受等等，图书馆应该让阅读者尽可能沉浸在读本精彩的内容之中，享受纯粹的阅读快乐。"要让同学们享受阅读，首先要摆脱预设的框框和价值观，让同学们能在无压力下尝试全新的'悦'读经验。"①

（四）整本书阅读

整本书阅读的价值在《义务教育语文课程标准》中有明确定义："重视培养学生广泛的阅读兴趣，扩大阅读面，增加阅读量，提高阅读品味。提倡少做题，多读书，好读书，读好书，读整本的书。"

《普通高中课程标准（2017年版）》以"学习任务群"的形式，规定了高中

---

① 李超平.公共图书馆的阅读促进活动：重点目标人群与实施策略［J］.公共图书馆，2009（3）：16–21.

语文的教学内容，"整本书阅读与研讨"位列 18 个学习任务群之首。"整本书阅读与研讨"旨在"引导学生通过阅读整本书，拓展阅读视野，建构阅读整本书的经验，形成适合自己的读书方法，提升阅读鉴赏能力，养成良好的阅读习惯，促进学生对中华优秀传统文化、革命文化、社会主义先进文化的学习和思考，形成正确的世界观、人生观和价值观。""整本书阅读与研讨"的基本方向在于发展学生独立阅读能力，提升学生的核心素养，为学生的未来发展打好基础。

相比使用文选式教材时单篇独章、逐段逐句的讲授，整本书阅读在理论上更有利于学生阅读经验的建构、阅读能力的提升和阅读成果的形成，为学生建立深度阅读领域、养成终身阅读良好习惯打下基础。一个孩子必须进行整本书的阅读，越是随着年龄的增大，越是如此。整本书里有完整的故事、思维和思考，大规模的作品其结构方式与短篇作品很不一样，短篇作品培养的是一种精巧和单纯的思维方式，而长篇作品培养的是一种宏阔、复杂的思维方式。阅读整本书需要的策略和单篇课文也有所不同。阅读单篇课文，学生可以"一次性"完成信息的提取、整合；整本书的信息量大，覆盖的篇幅多，需要边阅读边记录，用自己的方式逐步梳理、分类、整合、概括。

（五）深度阅读

即便读经典，如果孩子们仅仅是泛泛而读，仅仅是知晓故事的人物和情节，这也只能说是读懂了一半。要想真正读懂、读透一本经典，是要读出作者隐藏在故事情节、隐藏在主人公的命运、隐藏在故事的结局中真正想要表达的东西，要读出经典里闪耀的人类情感之光和思想之光。

深度阅读强调对话与思考，深度阅读应该让文本与儿童的生命体验之间建立联系，既激发学生的阅读欲望与真切感受，也引导他们在与文本的对话中建构自己的价值信念与精神坐标。深度阅读，是能吸引智慧和心灵的阅读，促使人去认识自己并考虑自己的将来，成为学生体悟生命、省察人生的"镜子"与"标本"。

深度阅读的习惯要从年少的时候培养。对于小学高龄段和初、高中的学生，我们不仅仅要读得快乐，更要帮助青少年成为"有思考能力的读者"，让阅读之美缓缓流淌，让图书所蕴含的精神力量喷薄而出。

综上所述，阅读群体与阅读材料、阅读方式的有机结合，将衍生出丰富多彩的学龄儿童阅读推广活动。

第三节　策略方法

一、积极争取领导的支持，让图书馆逐步成为校园阅读推广的主体

在应试教育的指挥棒下，很多中小学图书馆似乎仅是为了通过评估而存在。资金不足导致图书资源不足、更新缓慢，电子资源配置不足、缺乏价值，设备设施无法满足需要，环境装饰缺乏吸引力；领导不够重视导致人手不足、专业化程度不够、人员素质参差不齐……多种因素纠结在一起，让中小学图书馆在学校处于被边缘化的境地。很多学校虽然组织了校园阅读活动，但这些阅读活动却常常由学生处、团委、大队部等部门组织。

如何打破这个僵局？在对福建省中小学图书馆的一项调查中显示，馆员们普遍认为对阅读推广活动影响最大的是领导是否支持，领导支持是阅读活动成功举办的先决条件，有了领导支持，才能得到充足的经费支持和人员保障，才能够采访有品质的文献资源和拓展馆舍空间。起步也许艰难，但这样的一个破冰过程，需要中小学图书馆积极争取、主动打破。中小学图书馆应该在学校举办的各类读书节庆、阅读活动中积极参与、主动策划、用心组织，并以活动效果、主动沟通、积极宣传逐步获得领导的信任和关注，逐步成为校园阅读推广的核心力量。

二、走合作之路，以合作弥补各种资源和力量的不足

（一）与纵向相关单位合作

积极配合各级教育行政主管部门的要求，开展以素质教育、以德立人、书香校园为目标的各类活动，与教育局各相关职能部门建立联系、开展合作，并获取相关部门的各类资源支持。

（二）与校内各行政部门和学科教师合作

阅读不仅仅是文化教育的重要手段，也是帮助中小学生树立正确的人生观、价值观、道德观的重要途径。图书馆可以与学生处、团委、大队部等校内行政部门建立联系，把阅读活动作为构建校园文化、实现以德育人教育目标的载体，通过筛选推荐经典图书，开展形式多样的读书分享、交流活动，让学生在不知不觉中受到熏陶，对学生进行德育养成教育。

阅读与语文教学有着密不可分的关系，二者相互促进，把阅读活动与语文教学结合，可以成为阅读推广的切入点。图书馆可以与语文教研组建立密切合作，形成并推出各年级的必读书目、选读书目，这些书目既要充分考虑教育部新课标要求和各类地方行政教育主管部门提出的要求，也要与本校教学目标、教学进度、教学计划相结合，并充分体现出教师个性化和校本课程的特色，制定出各学期、寒暑假的推荐书目。图书馆应该对推荐书目进行重点配备，并围绕推荐书目开展各种形式的阅读推广活动，如推荐图书的宣传与展示、推荐图书读后感征文、推荐图书精彩片段朗诵会、推荐图书改编剧汇演等等，让图书馆阅读推广活动实现与语文教育的深度融合。

实际上，阅读绝不仅仅是语文老师的事情，而应该是一个全科的阅读。除了文学阅读，科学阅读、全科阅读也应该成为学龄儿童阅读的重要内容。因此，除语文老师外，图书馆与历史老师、科学老师、数理化老师等各学科老师，均可以建立类似的合作，实现与各学科教育的深度融合。

（三）与横向相关主体合作

与共青团、妇联、中国关心下一代工作委员会（简称"关工委"）、科协等相关机构建立联系，在校园合作开展关心下一代、科学普及、社会科学传播等工作，并共同组织阅读推广活动和申办项目，将各相关主体的资源引入校园。

与儿童读物生产流程涉及的机构合作，如与出版社、新华书店、书城、编辑、作家等建立联系并开展合作。邀请作家走入学校与孩子们面对面地交流，传授阅读与写作知识，或者共同阅读一部作品；举办各种校园书展、好书评选活动等，创造让师生接触优秀图书的机会。

（四）与图书馆界合作

一是与当地公共图书馆合作，发布相关活动消息，或组织学生参加公共图书馆举办的阅读推广活动，如讲座、展览、读书竞赛等，有条件的地区也可以将公共图书馆的图书、数据库、讲座等资源，以各种合作方式引进学校。

二是积极参加各级图书馆学会的活动，包括中国图书馆学会、省级图书馆学会、市级图书馆学会，尤其是阅读推广委员会、经典阅读委员会、未成年人服务委员会、儿童与青少年阅读推广委员会、中小学图书馆委员会等举办的活动。一方面，馆员可以因此获得最好的职业培训，另一方面图书馆员也可以获取最新资讯，与其他中小学图书馆建立联系、接触到优秀案例并进行复制，还可以直接利用各级学会取得的研究成果进行阅读推广，更可以组织本校师生参与学会组织的各种联动阅读推广活动，丰富校园的阅读推广。

（五）与家长合作

激发家长的主动性和能动性，形成学校和家庭的合力，建立"馆家一体化"的阅读机制。利用家校平台、QQ群、微信群等公告各年级各学科书目推荐、图书馆书目推介，鼓励家长亲子共读、家庭共读；进行家长推荐书目征集，以充分动员家长力量，汇集家长智慧与经验；鼓励家长牵头，建立阅读团体，以班级为单位开展各种形式的团体共读活动，并通过发现优秀案例摸索经验，认真吸取；积极挖掘家长的智力资源，建立家长担任图书馆管理员、讲座嘉宾、导读成员的机制，以家长的力量实现图书馆的延时开放，并获取各种举办讲座、读书导读活动的资源。

（六）与学生合作

在学生中选拔优秀分子，参与图书馆常规志愿服务。组织热爱阅读的学生，成立读书社团，进行图书推荐、图书分享等活动，甚至负责图书馆微信公众号运行、新书推荐、馆刊编写、活动组织等工作，以朋辈力量带动其他学生，参与到图书馆志愿服务与阅读活动中，推动学生阅读。

三、建立学校阅读推广的常态机制，推进阅读推广活动多元化、常态化和品牌化

（一）阅读推广活动的多元化

中小学图书馆阅读推广活动的多元化，可以指推广客体的多元化。学校图书馆的推广客体除了包括学生，还应该包括老师和家长。2014年上海市针对幼儿园中小学教师阅读状况的调查显示，61.2%的教师年阅读量低于4本，这与2014年我国成年国民人均阅读量7.78本的数据相差无几，说明教师与其他群体一样，并未在阅读上表现出优势，自然也无法发挥出引导作用。为了加强教师阅读素养的提升，将教师培养成阅读推广的种子，学校图书馆也应该积极开展针对教师的阅读推广活动。

阅读推广活动的多元化，也指活动内容和活动形式的多元化。为了吸引学生的参与，学校的阅读推广活动不仅仅是读，也可以是吟诵、书写、演讲；可以是线上，也可以是线下；可以在校内，也可以在校外；内容可以是纸本的，也可以是数字的，等等。

阅读推广活动的多元化，也包括推广媒介的多元化，可以充分利用传统方式，如张贴海报、发放宣传页、利用校报和广播电台、学校办公系统、校讯通平台；也可以通过网络平台，如学校网站、图书馆网站；还可以通过新媒体，如微信群、QQ群、微博、论坛等，向学生、教师、家长广泛宣传图书馆资源和活动信息。

（二）阅读推广活动的常态化

建立阅读奖励机制，如采用积分制，对学生借阅量、借阅内容、阅读效果等进行量化，并给予奖励，努力将阅读奖励变为学校的常规表彰项目，定期举办，以此推动学生阅读的常态化。

大多数中小学图书馆都开展过阅读推广活动，也对阅读推广有一定的认识，但大多数中小学开展阅读推广活动的次数不是很多，且大多集中在"4·23世界阅读日""六一"儿童节等时间点。例如，在对西安中小学图书馆进行的一次调查显

示，学校图书馆每年开展活动在 5 次以上的，仅占 30%[①]。

阅读是读者与文本对话的过程，是读者修炼内心的精神活动，这个过程润物无声，也在短期内难以见效，需要持续进行引导。中小学图书馆的阅读推广要克服零敲碎打的模式，力求活动的常态化、体系化，让不同规模、不同形式、不同主题的阅读活动变成常规业务工作。

（三）阅读推广活动的品牌化

一个好的阅读推广活动需要在实践中打磨、在实践中不断丰富，一个好的阅读推广活动也需要在时间中不断成长和不断累积。而一个阅读推广活动一旦成长为一个品牌，焕发出生命的光彩，它就能发挥核心和示范作用，带动其他阅读推广活动的成长。一个品牌也可以很好地塑造一个组织的社会形象，提升一个组织的知名度，这本身也是对阅读、对图书馆的宣传和推广。

中小学图书馆应该强化品牌意识，一方面阅读推广活动求创新、求数量，另一方面也要对某些活动不断做大做强。在公共图书馆评估中，对活动品牌时间上的要求是连续举办 3 年以上，并要有个性创新点。因此，中小学图书馆开展阅读推广活动要有一定的持续性，对创意良好的活动要精心策划、跟踪完善、不断打造、提升品质，并加大宣传力度，提升活动在师生心目中的地位和影响力。

四、推动学校图书馆阅读推广活动的平台化

图书馆在阅读推广中承担的角色是立体的、多元的，它不仅仅是资源提供者和推荐者，向用户提供和推荐阅读资源，还是阅读活动的举办者，举办各种各样的阅读活动，更是阅读推广的组织者和平台。中小学图书馆应该充分发挥组织和平台作用，努力将各种资源和力量吸引到图书馆，并为他们提供支持和指导，让他们在图书馆的平台上组织各种阅读推广活动，充分发挥各种组织和读者的作用，扩充图书馆的阅读推广力量。

为此，学校图书馆应该建立相关的制度和机制：一是制定规章制度和实施办法、奖励办法，吸引老师、学生、家长在图书馆建立各类读书组织，策划开展读

---

① 王军，等.新时期中小学图书馆阅读推广缺失与对策——以西安市中小学图书馆为例［J］.图书馆学刊，2017（12）：71.

书活动；二是为各类读书组织提供优秀馆藏资源，努力配合读书组织荐购图书的要求；三是为读书组织提供活动场地，设计或者改造适合读书组织开展活动的空间，并配置沙发、茶几以及投影、音响等设备，营造舒适的阅读氛围和交流分享空间；四是在图书馆官网主页上开辟读书专栏，为读书组织发布活动预告、活动报道和心得分享等提供网络平台。

第五讲 实践与创新

第一节　活动类型概述

一、图书馆的常规宣传活动

（一）发放图书馆宣传手册或阅读指南

在新生入学的时候，图书馆可以组织宣传活动，把图书馆简介、图书馆资源、图书馆服务项目、各项规则制度等进行逐一宣传或者整合宣传。有条件的学校可以制作宣传手册或者折页，发放给学生。

（二）制作新书通报或新书快递

新书到馆上架后，图书馆可以制作新书通报、新书快递等，进行图书推介活动。新书推介可以是书目格式，也可以图文并茂；可以手工制作，也可以电脑设计打印；可以张贴到图书馆宣传栏或校园宣传栏，也可以直接发放到班级。

（三）制作读者借阅排行榜

根据实际情况，可以推出不同周期的排行榜，如月度读者借阅排行榜、季度读者借阅排行榜、学期读者借阅排行榜、学年读者借阅排行榜等；也可以按照读者类型的不同进行划分，如教师借阅排行榜、学生借阅排行榜、图书馆志愿者借阅排行榜、某班级借阅排行榜等等。这些排行榜可以在图书馆、校园宣传栏等地方张贴，也可以在年级、班级公告栏张贴，最好能配合适当的奖励和表彰活动，以此激发读者的阅读热情。

（四）推出图书借阅排行榜

图书借阅排行榜可以按照时间来制作，如月度图书借阅排行榜、季度图书借阅排行榜、学期图书借阅排行榜、年度图书借阅排行榜等；还可以按照图书类型进行制作，如文学类、历史类、传记类、科普类等图书借阅排行榜。这些排行榜，实际就是最受读者喜爱的馆藏图书推荐活动。

（五）制作各种推荐书目

推荐书目可以是各类获奖图书目录，如纽伯瑞儿童文学奖获奖书目、国际安徒生奖获奖书目、美国凯迪克奖获奖书目、美国图书馆协会好书奖获奖书目、《纽约时报》年度最佳童书书目、英国格林威大奖获奖书目、德国绘本大奖获奖书目、BIB布拉迪斯拉发国际插画双年展大奖获奖书目、深圳读书月十大优秀童书书目等等；也可以是各机构、组织推出的推荐书目，如《中国儿童分级阅读书目》《新中国60年影响三代人的优秀儿童读物书目》《亲子阅读推荐书目》《100本适合少年儿童阅读的好书》等；也可以是自己学校制定的各类推荐书目，如寒暑假推荐书目、教师读书推荐书目、主题图书推荐目录、征文活动图书推荐目录等。

（六）（校）馆办刊物

在条件允许的情况下，开办馆办刊物，可以为月刊、季刊或学期刊，介绍图书馆藏书、活动以及各服务项目等。

二、图书馆的实物宣传活动与空间延伸

（一）设置新书架、主题书架

在图书馆显眼的地方设置新书推荐书架，专门用于摆放新到馆的图书，或者设立各类型特色书架，摆放上述书单推荐的图书，如"最受读者欢迎的图书""深圳十大童书百本入围图书""纽伯瑞儿童文学获奖作品""教育部《新课标》小学生必读参考书目""新闻出版总署百种优秀图书英文阅读经典书目""国学经典书目推荐"等。

（二）走廊书架、校园书屋与班级书架

有条件的图书馆可以将书架延伸到学校的各个适宜场地和角落，如在走廊里设立书架，在校园操场合适的空间搭建阅读小屋，在每个班级设立班级书架，根据年级、班级、主题配置适合的图书，并定期更换，让学校建在图书馆里。

（三）书展活动宣传

邀请书店或图书供货商到图书馆来举办书展，让师生能够便捷地接触到优秀图书，并通过类似"你采购我买单"的活动，让师生参与到图书馆馆藏资源采购环节之中。

（四）文创产品宣传

选择合适的文创产品，并印上图书馆的名称、Logo、标语、服务项目等内容，当作奖品或赠品发放给读者，如书签、明信片、徽章、卡贴、笔、笔记本、雨伞等。

三、多媒体与自媒体宣传活动

（一）学校网站（图书馆网站）宣传

建设图书馆网站或者在学校网站上开辟专栏，推出"每天一书""每周一书""每周好书"或者涵盖上述宣传内容的栏目，也可以利用图书管理系统为师生提供查询服务。

（二）利用校讯通（家校通）宣传

通过校讯通（家校通）向家长推荐阅读书目或者在家长中征集推荐书目，开展亲子阅读活动等。

（三）博客、微博宣传

开通图书馆博客、微博，利用新媒体进行图书推介，发布图书馆的各种信息。

（四）微信（公众号）宣传

开通图书馆微信公众号，通过微信进行图书馆动态信息发布、图书推介、活动宣传、读者交流等。图书馆老师也可以通过自己的朋友圈向学校老师推荐好书、预告读书活动、组织阅读活动等。

（五）其他宣传

借助校园广播、校园电视台宣传，在播放内容中增加好书推荐、美文欣赏等内容，报道学校读书活动、校园阅读之星等。

四、与各学科的深度融合活动

配合各学科的教学进度，进行专题书目推荐，也可设立专题书架。比如，在小学科学老师讲授"我眼里的生命世界"时，可推荐有关动植物的书籍让学生阅读，如《我的野生动物朋友》《21世纪野生动物馆》《中外动物小说精品系列》《随你问——植物知识百问百答》《有趣植物早知道》等。在小学数学老师讲授图形的面积的内容时，可引导学生读《吃了魔法药的哈哈阿姨》《公主殿下来的那一天》等，让学生在有趣的故事中认识图形的构成、学习有关面积的知识。当初中老师教授物理知识和化学知识时，可向学生推荐《从一到无穷大》《超越时空——通过平行宇宙、时间卷曲和第十维度的科学之旅》《分子共和国》等书籍，让学生通过课外阅读增强对科学的理解和喜爱。当老师在讲授中国历史"贞观之治"时，可推荐《唐太宗的故事》等，让学生通过阅读加深对历史的了解。与专题图书推荐相配合的，图书馆还可以开展以问题为导向的问答活动以及科学阅读的写作和指导活动。

除了与学科教学配合，中小学校图书馆还可以与学校的心理咨询室联手，针对学生中存在的心理问题提供疗愈书单。读物可按书籍的功用排列，可分为"抑怒""消恐""振作""拼搏"等。

五、阅读课活动

随着教育系统对阅读的重视和书香校园建设的推进，很多中小学设立了阅读课，阅读课的设立形式和方法丰富多样，但图书馆和图书馆员在中小学阅读课中尚没有扮演主要角色。根据西安市图书馆学会《西安市中小学图书馆阅读推广之研究》课题组在2016年对83所中小学图书馆阅读推广活动进行的调研，有63所学校开设了阅读课，占比75.9%；有20所学校没有开设阅读课，占比24.1%；开设1节阅读课的有37所学校，占比44.58%，开设2节的有9所学校，占比10.84%，开设3节以上有17所学校，占比20.48%；在开设阅读课的学校中单设阅读课有34

所，占比 53.97%，语文课上阅读课有 15 所，占比 23.81%，自习课上阅读课 14 所，占比 22.22%；阅读课授课地点在教室的，占比 69.88%，在图书馆的有 19 所，占比 30.12%；阅读课授课教师由语文老师担任占多数，占比达 61.9%，班主任占比 15.88%，图书馆员负责授课仅为 12.7%，另外还有 6 所学校有专职的阅读课教师，占比为 9.52%；阅读课授课内容，阅读作品的有 37 所学校，占比 59%，教授阅读方法有 24 所学校，占比 38%，仅有两所学校进行用户信息素养的培养，占比 3%[①]。

六、建立阅读组织和学生团体

（一）创办师生读书俱乐部

挑选喜爱阅读且阅读能力较强的学生组建读书俱乐部，定期开展读书分享会，让学生在轻松的氛围中体验阅读带来的收获和快乐。开展读书交流系列活动，培养阅读骨干，发挥阅读示范作用，让读书会成员成为班级读书会带头人和核心力量，进而形成良好的班级读书氛围。

图书馆推广以教师为对象的还比较少见，在所调查的西安 83 所中小学中，只有 1 所学校成立了教师读书会[②]。中小学图书馆可以在这个层面发力，让教师俱乐部成为提升教师认知、发掘和培养教师阅读推广人的抓手和阵地。

（二）选拔图书馆助理馆员

选拔优秀学生成为图书馆助理馆员，并将助理馆员按照特长分成若干小组，分别负责图书馆的各类日常工作，如借阅流通组，负责借还图书、图书上架等；综合阅览组，负责阅览室管理；阅读推广组，负责制作新书通报、好书推荐或宣传活动海报；微信宣传组，负责图书馆微信公众号内容的推送、微博的好书推荐；读书活动组，组织图书馆读书活动，如朗读、演讲、书评竞赛等；馆刊组，编辑阅读心得、调查读者阅读兴趣、收集网上导读文章、协助编辑制作读书刊物。助理馆员还可以协助图书馆调查学生的阅读兴趣，反映学生对图书馆工作的意见和建议，确保图书馆工作质量和效率。

---

① 王军，等 . 新时期中小学图书馆阅读推广缺失与对策 —— 以西安市中小学图书馆为例 ［J］. 图书馆学刊，2017（12）：71.

② 同上。

七、举办丰富多彩的读书活动

在分级阅读、快乐阅读、经典阅读、深度阅读、整本书阅读等阅读理念的指导下，学校图书馆的阅读推广活动可以有无限创意，举办各类丰富多彩的活动，活动类型可以按照不同分类标准概述如下。

（一）仪式型和日常型

仪式活动是一种重要的阅读推广类型，推动了各种日常型阅读活动的展开。仪式型活动分为不同的级别，一般在不同的节庆或者活动首尾举办，如世界读书日、读书月或者读书节、各种大型活动或者重要活动的启动仪式，还有各种评选和竞赛的表彰等。

与仪式型的阅读推广活动相对，日常型阅读推广活动包括阅读知识竞赛、读书征文、诗文诵读会、故事创作大赛、"阅读之星"评选、读书沙龙、读书分享会、图书漂流、换书活动、阅读接力、"大手拉小手"亲子阅读活动、书香家庭评选、读书讲座等等。

（二）推荐型和展示型

推荐型阅读推广活动可以根据推荐者和受众分为定向推荐型和不定向推荐型、个人推荐型和组织推荐型。除上述谈到的各类组织和机构荐书，各中小学图书馆也可以进行富有学校个体特色的推荐活动，如校长荐书、名师荐书、家长荐书、文化名人荐书等。

展示型阅读推广活动，除各类常规图书推荐外，还可以包括各类创意书展，如污损图书展览、无人读过的图书展览等；读书作品展，如读书心得展、一句话书评展、征文比赛获奖作品展等；图片展，如校园阅读风尚摄影展览、我的小书架摄影展等；文创产品展，如读书手抄报展等。

（三）讲坛型、论坛型和沙龙型

讲坛型阅读推广活动主要包括各种学者讲坛、讲座、报告等，如"名人读书"故事讲座等。

论坛型阅读推广活动主要是指以作家、阅读学者、教育工作者为主角的研究论坛或研讨会。如深圳读书月名师论坛等。

沙龙是志同道合者散漫的聚会形式，是自由交流思想的地方。读书沙龙可以有不同的名字：读者交流会、书友会、读者俱乐部、读者联盟、读书分享会、教师读书会、女教师"悦"读沙龙等。把爱读书的人聚集在一起，读好书，谈心得。

（四）广泛阅读型和深度阅读型

广泛阅读型项目主要针对尚没有形成阅读习惯的人，以轻松阅读、快乐阅读、培养阅读习惯为目标，不管读什么、怎么读，只要读起来就是好的，鼓励阅读的持续性。广泛阅读是一种浅阅读，或者仅仅是对阅读量和阅读行为的鼓励。如自由阅读课、阅读积分计划、阅读大王奖励等等。

深度阅读是培养阅读人思考的阅读，通过阅读、导读、思考、讨论和分享，鼓励学龄儿童去挖掘图书中的精华。深度阅读是真正让阅读人得到滋养的阅读，一般有导读人进行引领，如名著导读活动等。

（五）家庭共读型和入班带读型

培养儿童的阅读习惯，家庭的作用最为重要。学校图书馆要鼓励家长参与到读书活动中来，每天睡前给孩子读一段故事，或者和孩子同读一本书，并与孩子一起讨论。亲子阅读不仅让孩子感受家长的温情，同时也能让家长在阅读中打开一个新的世界。家长读这些书的时候，会随着孩子的眼光，发现一个天真的世界，那个世界，或许对成年人有所帮助。

家长志愿者也可以进入班级给孩子讲故事或者进行图书导读，这也是一种针对儿童的阅读推广形式，可以被称为读书会型阅读推广。可以以班级为单位进行，也可以分为若干小组，以读书小组的形式在课余时间进行。读书会能否成功取决于讲故事或者导读的人，他们要有讲故事的能力技巧，还要有一定的亲和力。

（六）班级读书会型和兴趣小组型

班级读书会，就是全班同学共同参与、共同讨论的阅读形式。班级读书会带领人可由图书馆员担任，也可以由学生代表、家长或某些专门人士（如作家、编辑）担任。台湾教育研究院赵镜中把班级读书会分成不同的类型：1.好书评选的读书会；2.拓展新知的读书会；3.深耕精读的读书会；4.思想交流的读书会。无论何种读书会，带领人自己必须是真正的阅读者，这样才会在共读讨论中游刃有余。

小组读书会型是成员突破班级限制，在全校范围内或者年级范围内，由具有共同兴趣的学生自由组成，在校内或者在校外开展活动。其活动形式主要有：1.定期举行聚会，阅读不同题材的作品并轻松讨论，让会员在分享阅读心得的过程中建立阅读兴趣；2.设立 QQ 群或者微信群，会员可通过互联网讨论、分享及交流意见；3.小组还可以举办参观等多类型活动，鼓励小组成员积极参与。

（七）竞赛型与趣味创意型

竞赛型阅读推广活动包括各种以争优为目的的活动，如读书知识竞赛、读书主题征文比赛、书评大赛、书签设计大赛、优秀读者评选、书香家庭评选、藏书家庭评选、发现阅读之美摄影大赛等等。评选后的奖励方式，可以根据实际情况设立。

趣味创意型阅读推广活动重在激发读者兴趣，寓读于乐。如"图书快递"活动，学生将写有心意的话贴在赠书上，署上自己的名字及要送达的同学的班级和名字，由志愿者统一送达；再如读书话剧社、名著新编表演活动等等，将读书与演出结合起来。

（八）互动型和反馈型

互动型阅读推广活动重在调动读者的积极性，建立读者与图书馆的亲密关系。如"装扮我的图书馆"标语征集活动、馆徽设计征集活动、学生最喜爱的图书评选、学生最喜欢的作家评选等等，都属于互动型阅读推广活动。

反馈型阅读推广活动主要是读者以写作的方式反馈其阅读成果，推动深阅读。最常见的，如我与图书馆的故事、"影响我最深的一本书"征文活动等；其他的，如发动读者提建议、鼓励读者荐书、鼓励读者写书评或续写书中人物故事等，都属于反馈型阅读推广活动。

（九）人物代言型和阅读书包型

学校可以邀请文化界、学术界、产业界名人或演艺明星等成功人士担任阅读大使，也可以请教师、毕业生代表、每个年级或者班级里的优秀学生担任阅读代言人，阅读大使们可以推荐图书，到班级里讲故事，也可以在学校集会中为经典图书代言。一个合适的阅读大使，可以成功引起学生的阅读兴趣。

以阅读书包的模式开展阅读推广活动，每个书包里装有适合某年龄儿童阅读的若干本图书，并将书包赠送给家长或儿童。调查数据显示，收到过阅读书包的家长为孩子买书更多，花费更多的时间与孩子分享图书。

（十）阅读关怀型和阅读疗法型

阅读关怀型推广活动主要针对某些特殊群体，如初三学生、高三学生、住校学生等。通过推荐相关图书，对这些群体的内心和情感提供关怀和慰藉。

阅读疗法一般针对某些个体，可以弥补心理医生的不足。它不泄露隐私、让学生无精神顾虑。阅读疗法最有技术性的环节是"对症下书"，"在阅读疗法书目中，每推荐一本书，皆应指明其适用于什么类型的读者，适用于哪个年龄段的读者"。以往的阅读疗法在书目开列方面，通常热衷"群书主义"，追求把针对某一心理问题的图书搜罗完备，集中推荐给治疗对象。由群书主义转向一本书主义，可在阅读疗法实践中大力推广。

（十一）纸质型和数字型

数字型阅读推广活动是针对数字化阅读而言的，如扫码看书、扫码听书，促进师生对电子书、电子报和掌上图书馆等数字资源的应用与阅读。

（十二）线上型和线下型

线上阅读推广活动相对的是线下型阅读推广活动。网络上的虚拟阅读社群也可以成为阅读推广的基地，书友可借网络同读一本书，交流读书心得，沟通情感，发展友谊[①]。

第二节　具体案例

一、攀枝花三中图书馆的阅读推广实践活动

攀枝花市第三高级中学校成立于 1978 年，是一所国家级示范性高中。学校图书室同年筹建，经过 30 多年的发展，现为一幢面积为 5300 多平方米的独立图书馆楼。图书馆藏书 20 多万册，拥有专职管理人员 4 名，除传统的借还阅览服务

---

① 王波，等.中外图书馆阅读推广活动研究［M］.北京：海洋出版社，2017：133–193.

外，还开展了丰富多彩的阅读推广活动。

（一）图书馆进教室，大阅读课成为学校亮点

由学校主导，为高一、高二每个班级制作了教室小书箱，选定了教室专用配书74种，既包括《谈美书简》《培根随笔集》等社会科学类作品，也有《红楼梦》《飘》等中外经典小说，还收入《物种起源》《相对论》等自然科学类名著。

从2013年春季开始，将每天下午的第四节课确定为班级"大阅读课"活动。学生可在教室内阅读专用配书，也可在老师的安排下到图书馆借阅书刊，并举办诵读比赛等各种拓展活动。

（二）灵活安排，配合教师完成新课标下的各类小型阅读课活动

积极主动地向一线教师宣传、推荐馆藏文献资源和馆舍优势，无条件接纳师生读者到馆开展相关课程活动。学校图书馆广泛征集各科教师意见，积极购进相关的专题文献，配合任课教师组织学生到馆进行专题阅读或自由阅读活动。长期开展的项目包括英语阅读课"书虫"系列、语文阅读课"先秦散文"和"现当代文学"系列、历史阅读课"文艺复兴"系列、国际班学生的英语报刊阅读等。

（三）成立读书社团

牵头组织成立了学生读书社——"书虫之家"，在每周三下午课外活动时间活动。读书社学生不仅可以代表全校学生到书店现场选购新书，还可以体验文献整编工作的乐趣，并享受停课期间每人2册、寒暑假每人5~10册的借书政策，但每学期须完成一篇读书报告。

在图书馆老师指导下，读书社每学期多次举办由学生主讲的"读书交流讲座"。学生们认真阅读、做好笔记，分享了对《三国演义》《大秦帝国》《平凡的世界》等文学作品及武侠小说、魔幻小说、网络文学的认识和见解。

（四）开展读者教育、培训和宣传工作

为全校所有学生免费办理借阅卡，给每个新班级发放"学校图书馆使用指南"，为各类学生社团开设"图情知识课"并进行现场培训。培训的要点涵盖图书馆历史、馆舍布局、馆藏分布、新书整编流程、简要的图书分类、借阅规则等。

学校图书馆每年策划、举办"校长专题讲座"，每学期选择信誉良好的正规书

商举办"校园书展",方便师生购书。此外,还与其他单位合办校内展览、讲座。

（五）多途径开展馆藏文献推介工作

新书整编完成后,学校图书馆会及时编辑、印制《新书简报》分发到各班级。图书馆还专门开设了新书陈列架,方便师生到馆查找借阅。

2011 年学校图书馆开始指导学生编辑内部刊物《书旅》,包括主编絮语、名家推荐、经典重读、校园星群等栏目,成为图书馆阅读推广的一个重要媒介。图书馆指导老师会就刊物的内容、流程、分工、要求等为读书社进行专门培训。

（六）为教师的个人终身学习搭建平台

图书馆订购的报刊种类由任课教师决定,并根据学校教育教学的要求,及时购回专业培训用书。组织开展"每月购书"活动,教师们可以到市内书店自由选购所需图书,图书馆每月集中购回、整编后分发,并组织教师们交换阅读。还成立了面向教师家庭的"书香墨彩读书会",利用每周末的休息时间,组织开展诗歌朗诵、儿童绘画等活动,受到教师们的热烈欢迎[①]。

二、深圳百仕达小学图书馆阅读推广案例

深圳市百仕达小学是一所非营利性质的国有民办学校,以"小班制教学、英语国际化教育、绅士淑女教育、运动与阅读"等为办学特色,有教学班 24 个,学生 720 人,教职员工 80 人。百仕达小学作为深圳市书香校园、"阅读改变中国"年度书香校园、中国教育电视台、深圳电视台、南方都市报、深圳商报等曾多次对其进行报道。

（一）特色图书馆的创建

2013 年,学校耗资数百万打造以"爱丽丝梦游仙境"为原型的图书馆,藏书量近四万册。图书馆成立"根与芽"基金,由校监、社会各界人士和机构、企业捐助筹集基金,用以增购青少年读物,充实更新图书馆馆藏,满足全体师生的阅读需求。为了营造良好的校园阅读氛围,图书馆主要采取了以下三种措施;

---

① 傅曦.论新课改北京下学校图书馆的心定位——记攀枝花三中图书馆的阅读推广时间活动［J］.
教学仪器与实验,2016（2）: 13.

1. 让图书"流进"图书馆

学校和各类优秀阅读机构合作，为图书馆争取到各种丰富和便捷的阅读资源，如参加深圳市少儿图书馆常青藤计划，学生可以在少儿图书馆和学校图书馆之间通借通还；在中文网上实体图书馆"青番茄"建立"科学＆人文图书馆"，给学生提供网上借阅平台。

2. 让图书"走出"图书馆

学校把书搬到校园草地上的各类小书屋，一个个精美的橱窗或者坚实的读书廊经常出现在学生的视野，使学生移步换景，都能沉浸在书香的氛围中。全校班级都设有书橱或者图书屋，各班会将图书角按月"流动"起来，低年级则每周举办有趣的"漂流书袋"活动，让学生在校园的每个角落都能随手捧起一本书，徜徉在书海中。

3. 让图书"借还"灵活便捷

学校每周安排 24 节图书馆阅读课，周一到周五每天中午有两个班级在馆阅读，放学后有针对性地安排不同班级来图书馆自由借书。学生们可以在图书馆课结束后进行借阅，每次可借阅 2 本，1 本中文 1 本英文，为期 2 周。为了方便学生还书，图书馆在学生每天必经的路线上安放了还书筒，学生读完后直接还书便可。

（二）图书馆推广阅读的主要特色

该校图书馆最具特色的地方在于，由一名专职老师和 110 名家长义工来共同管理。每年开学，图书馆家长义工团队开始招募义工，然后进行各种培训，使其各自发挥所长，形成若干团队。

1."导读义工团队"

在学生来到图书馆后，想各种"招数"把好书介绍给学生，侧重于让学生认识这本书，激发学生的阅读热情，增加阅读次数，拓展阅读视野。

2."阅读巡讲团队"

负责走进学校 24 个教室，将甄选出的故事与学生分享，既有绘本，也有桥梁书、文学作品，还有天文、地理、科技、职业分享等内容。

3."演书社义工团队"

负责走上舞台演书，用崭新的形式，将阅读深入学生和家长的心灵，给他们带来多元化的阅读体验。

4."拓展义工团队"

负责走出校门,开发受学生欢迎的特色课程,带着学生从课堂走到校外、从书本走向社会,把学生从书本引向更加广阔的空间。如图书馆以"阅读"的名义,举办"图书馆圣诞嘉年华"活动和"俄罗斯文化节";阅读航海书籍,开设帆船课程;探寻版画世界,在"艺术间行走";探究电力、水力奥秘,做"生活小博士";追寻柯南·道尔的足迹,做现代的"福尔摩斯"。此外,还举办《知·道》系列演讲等,让学生在阅读与实践中进一步感受阅读的美好。

(三)学校书香氛围的立体营造

学校利用广播站,每天诵读国学经典、分享优秀习作、进行好书推荐、介绍经典文学作品等。校园网站中设置"阅读广场""书虫部落"等栏目,推荐好书,分享优秀习作和阅读感受。

(四)阅读课程的研发与设置

学校先后开发韵文诵读,诵读传统经典以及现代优秀儿童诗歌,感受它们的音韵节奏与趣味内涵之美;选文阅读,以教科书和其他优秀选文为阅读材料,构建提升学生阅读素养的阅读课模型;整本书阅读,引导学生阅读整本书,促进阅读素养的全面发展。各年级老师确定共读和选读书目并向学生推荐,并逐步形成阅读指导课、读物推荐课、阅读欣赏课、读书汇报课等整本书阅读教学的基本课型;图书馆阅读,引导学生了解并学习使用图书馆设施,学习阅读不同类别图书的方法,实施的主要方式有情景活动体验、图书馆教师导读、学生自由阅读以及主题阅读活动等;专题阅读,引导学生发现真实生活中有价值的问题并尝试通过阅读和实践解决。(见表5-1)

表5-1 各年级韵文诵读、选文阅读、整本书阅读、图书馆阅读课时安排

年级	韵文诵读	选文阅读	整本书阅读	图书馆阅读
一年级	2	4	3	1
二年级	2	4	2	1
三年级	2	4	2	1
四年级	2	4	2	1
五年级	1	4	2	1
六年级	1	4	2	1

（五）让老师成为阅读的先行者

着力提升老师素养，在老师中间开展读专著、赏名著、诵经典等系列活动。百仕达的每位教师每学期至少阅读2本教育专著和4本文学名著；学校成立了专门的读书小组，有计划地组织全校60余名老师进行各种形式的读书沙龙。

（六）综合创建

学校制定了《百仕达小学阅读推广方案》《百仕达小学阅读教育体系》《百仕达小学读书节活动方案》《百仕达小学教师读书沙龙活动计划》，开展丰富多彩的阅读活动。挖掘家长资源，在家庭中开展"小手拉大手，同读一本书"亲子共读活动；编制《幸福阅读手册》，给家长明确阅读指引，争取家校合力；组织家庭读书交流会，鼓励家长参与学校开展的家长沙龙、家长论坛以及"书香家庭"的评选，交流分享家庭读书经验。

语文老师每学期带学生共读4本书，学校经常邀请故事讲述人、作家和学生进行面对面的交流和分享。引导学生参加校外阅读活动，如参加深圳市"我最喜爱的一本书"演讲比赛、深圳少儿图书馆组织的"图书馆之夜"系列活动等等。建立读书活动评价体系和激励机制，用阅读档案记录学生阅读足迹，了解学生的阅读量、阅读范围和喜爱的阅读书目。进行阅读能力专项检测，考察学生的阅读理解能力。评选阅读之星，每班每年进行一次班级阅读表彰活动，每学期评选一次"书香班级"。

第三节　操作实务

阅读推广是个系统工程，从宏观来看，一个图书馆的阅读推广应该包括5年或以上较为长期的阅读推广规划制定、长期规划到年度规划的分解、根据内外环境变化等实际情况调整长期规划和年度规划并制定年度阅读推广计划、具体阅读推广项目逐一落地实施等过程。从微观来看，一个具体阅读推广项目的落地实施过程包括项目策划、项目实施前的宣传、项目组织实施、项目实施后宣传、项目评估等环节。阅读推广也涉及阅读推广主体、阅读推广客体、阅读推广内容、阅读推广方式等一系列要素。要想达到阅读推广的预期效果，做到有效率地推广，图书馆的每个阅读推广项目要力求过程完整，逐步总结、提高、丰富和完善。

一个较为完整的阅读推广过程可以用下图 5-1 表示：

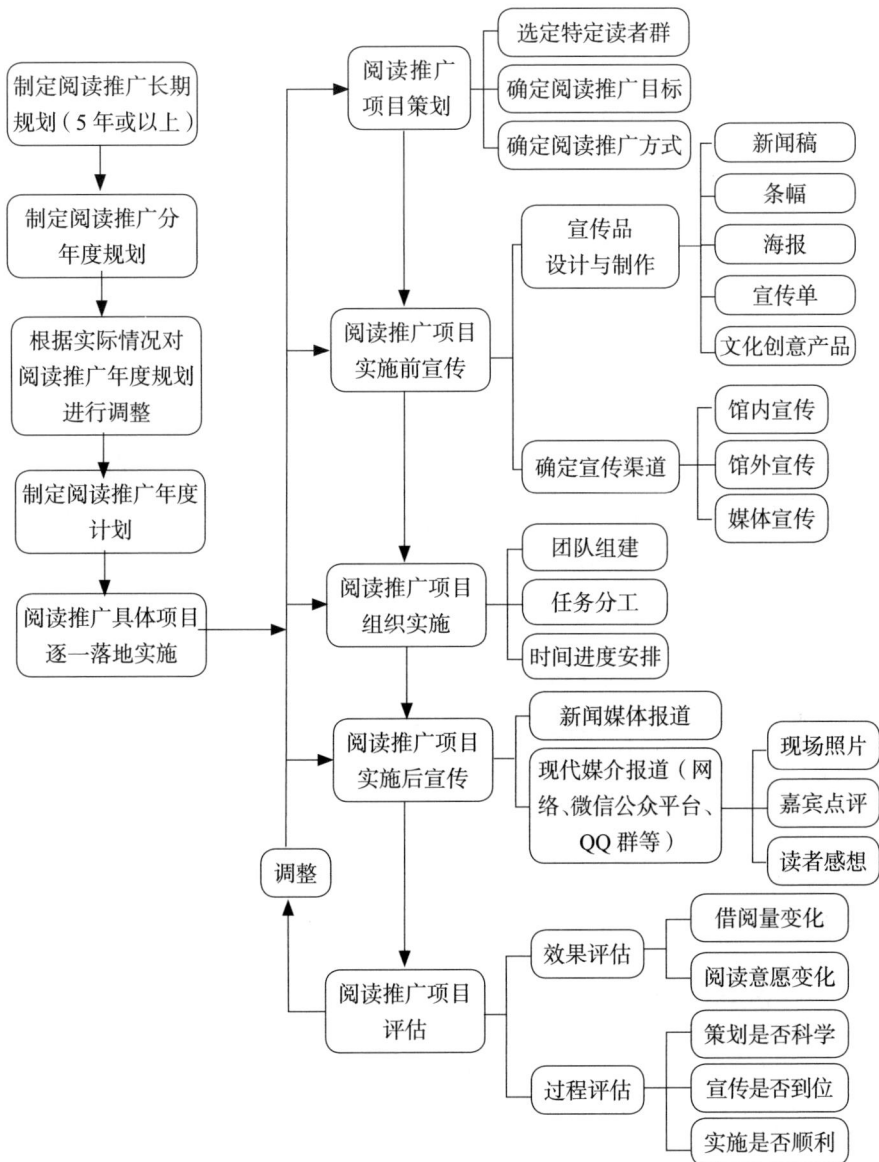

图 5-1　完整的阅读推广过程展示

一、图书馆阅读推广长期规划制定

图书馆阅读推广的长期规划制定，是目前图书馆阅读推广工作中较为薄弱的环节之一。

图书馆阅读推广长期规划，是指某个体图书馆根据组织所处的内外环境，对全局和长远的阅读推广目标进行制定、落实、修正、实施的动态过程。制定阅读推广长期规划的主要目的是使用科学、系统的方法帮助图书馆明确阅读推广工作的方向和长期目标，并使阅读推广工作更加合理化、体系化、专业化。

制定长期规划是图书馆阅读推广工作的第一步，但长期规划需要每年进行维护，以适应未来的不确定性，并据此调整分年度规划和实施方案。

以苏州图书馆为例，表 5-2 是苏州图书馆在 2010 年下半年制定的《苏州图书馆"十二五"规划》中关于阅读推广工作的 5 年指标，2005 年是实绩，2010年数据是预测，2015 年是规划指标，2014 年是实绩。这些 5 年规划指标，是苏州图书馆结合全国公共图书馆行业面临的发展机遇，结合对未来五年苏州市的人口状况、经济发展、财政实力、文化繁荣的预测以及苏州市委市政府对苏州图书馆的重视程度及可能提供的支持等因素综合制定而成 [1]。

表 5-2　苏州图书馆"十二五"规划主要指标（阅读推广部分）

指标	单位	2005 年	2010 年	2015 年	2014 年实绩
活动现场人次	万人次	5	10	20	15
活动数量	场次	128	1000	1500	1603
讲座	场	12	70	100	105
服务品牌	个	5	13	18	18

二、具体阅读项目的实施过程

总的来说，一个阅读推广项目主要包括两个方面：一是做什么，即阅读推广项目的内容和目的；二是如何做，即应该如何组织相关资源（人、财、物等）来完成相应任务。

具体来说，阅读推广项目的流程应该包括以下内容。

---

[1] 邱冠华，金德政.图书馆阅读推广基础工作 [M].北京：朝华出版社，2015：193.

（一）阅读推广项目策划

对本馆读者类型进行细分，对读者群的需求和特点进行研究分析，选择一个明确的读者群作为目标群体，确定合适的主题和阅读推广方式，明确阅读推广要达到的目标。项目策划阶段也需要对经费进行预算，并根据经费实际情况调整实施方案。

（二）阅读推广项目实施前的宣传

阅读推广项目实施前的宣传通常通过新闻通稿、条幅、海报、宣传单等形式进行，也可以制作发放相应的文化创意产品。对到馆读者的宣传可通过LED 显示屏、咨询台或图书馆入口处及阅览室入口处宣传栏、宣传单进行。对不常使用图书馆的读者可在班级、年级走廊、学校集会等场所宣传，或在学校网站、图书馆网站、微博、微信公众号、QQ 群发布信息宣传，也可利用校园广播、电视、校讯通等渠道进行。实施前的宣传是阅读推广过程中非常重要的一环，宣传品和宣传渠道要根据目标用户群的特点及经费情况选择，并在项目策划方案中明确。

（三）阅读推广项目组织实施

阅读推广项目组织实施包括组建团队、进行人员分工、安排时间进度、拟定应急方案等。项目团队可以由图书馆员构成，也可以由图书馆员、职能部门人员、老师、学生、家长等共同构成，可以是稳定的团队，也可以临时组建。项目负责人要把总任务分解成若干相互联系的小任务，明确人员分工，并提出时间节点要求和工作质量标准。

（四）阅读推广项目实施后宣传

阅读推广项目实施后的宣传更为重要。可以将新闻通稿提交给新闻媒体，也可以利用现代传播媒介进行生动活泼的活动回顾，可以将现场照片、嘉宾点评、读者感想、活动效果等写成生动的文字发布在网站、微信公众号、QQ群等，也可以提交给相关领导，或将优秀作品、评选结果等集结展览，扩大影响。

（五）阅读推广项目评估

活动评估既是激励的手段，也是改进提高的方法，是目前图书馆阅读推广流程中常常被忽略的环节之一。

阅读推广项目评估分为效果评估和过程评估两个方面。效果评估是对阅读推广项目产生的效果进行评估，可结合阅读推广项目设定的目标，从读者借阅量的变化、读者阅读意愿或阅读能力的变化进行。其中，读者阅读意愿和阅读能力的变化，需要根据活动前和活动后的评估进行。

阅读推广项目过程评估，则需要对项目的策划、项目的宣传、项目的实施等环节逐一进行反思和审查。重点审视项目策划是否科学、项目宣传是否到位、项目实施是否顺利等，好的经验有哪些，需要改进完善的地方有哪些，以便在以后的阅读推广过程中不断修正和完善。

一个阅读推广项目如何进行评估，应该在项目策划时就进行考虑和设计，确定评估的方法及评估数据如何获得等 [1]。

第四节　服务创新

一、"您选书、我买单"活动

"您选书、我买单"是学校图书馆从读者需要出发，请师生共同参与馆藏选择、图书馆建设的一个活动，为方便师生参与，很多图书馆采用校园书展的方式进行。

"您选书、我买单"活动前期准备工作大致包括：1. 寻找合作方；2. 与合作方确定参展图书数量及品种要求，参展图书应尽量包括文学、历史、传记、教育、艺术（美术、音乐）、科普、计算机、心理励志、政治经济、语言文字等多类型图书；3. 设计制作活动宣传品，如活动海报、活动横幅等，对书展活动进行前期宣传；4. 确定书展场地，并准备书展活动的桌椅，布置书展会场。

---

[1] 邱冠华，金德政.图书馆阅读推广基础工作［M］.北京：朝华出版社，2015：21-47.

活动现场流程大致如下：1.在书展现场，由师生自由挑选心仪的图书；2.师生把选好的图书交给工作人员，登记图书的 ISBN 号，并提出推荐购买册数建议；3.图书馆根据之前确定的活动规则，对师生推荐的图书进行查重，并根据经费情况最终确定是否购买；4.图书到馆加工完毕后，读者可以到图书馆借阅自己亲自挑选的图书。当然，师生对自己喜欢的图书，也可自行购买，活动可提供一定的折扣优惠。

通过开展"您选书、我买单"活动，一方面可以对学校图书馆的理念、资源以及服务进行宣传，拉近师生与图书馆的距离；另一方面，馆藏图书经过师生以及图书馆双重选择，质量得到保障和优化，品种更加丰富。作为图书馆的一项读书活动，"您选书、我买单"也会让校园的读书氛围更加浓厚。

活动启示：1."您选书、我买单"活动与普通书展活动区别在于，"您选书、我买单"活动是由学校或图书馆出资购买师生选中的图书，有条件的学校还可以现场对师生所选的图书进行加工，现场借阅，时效性更强，效果更佳；2."您选书、我买单"活动所展出的图书需要由图书馆事先进行一定的筛选，如图书类型、出版社、出版年份等；3.活动场地需要综合考虑，最好选择过往学生最多、交通最便利的地点开展"您选书、我买单"活动，组织者要注意做好安全防控等相关工作；4.如果有能力举办大型的"您选书、我买单"书展活动，还可以组织本地区中小学图书馆（室）的老师参与。

随着技术和社会环境的发展，"您选书、我买单"活动目前已经发展为各种形式并拓展为网络采购，师生也可以到合作实体书店购买图书，或者在协议网上书店购买图书并快递到家，以上均由图书馆提供支付，并在师生阅读完毕将书还回图书馆后办理入藏手续 [1]。

二、图书漂流活动

自图书漂流活动传入中国以来，很多中小学校园掀起了图书漂流的热潮。中小学图书馆通过在图书馆、教学楼、宿舍等场所设立图书漂流点，放置漂流书车、漂流书架的方式，开展图书漂流活动，提高图书馆的利用率，传播知识共享的精

---

[1] 王鸿飞.中小学图书馆建设实践与阅读推广［M］.广州：广东教育出版社，2016：160.

神内涵，营造快乐的阅读氛围，使整个校园成为一个开放的"天然图书馆"。在图书漂流活动过程中，一些中小学图书馆还探索了立体阅读体系的构建、班级图书角的建设、漂流图书的管理方式等。

图书漂流活动一般在校园内设置若干个图书漂流点，在漂流点设置若干个漂流书车，将事先已经装帧好的漂流图书放在漂流点的漂流书车上，师生可以自由选择自己喜欢的漂流图书带走，阅读完毕，将漂流图书放回漂流点以便供其他师生继续取阅，或直接传漂给其他漂友。

图书漂流活动基本规则一般包括：1.阅读者需要在图书扉页的漂流标签上签上自己的名字；2.阅读者需要在图书封底内页上留下自己的阅读感言；3.阅读完毕应将漂流图书送回漂流点，或传漂给其他期望阅读的书友；4.图书一般只在校园内漂流；5.不允许涂画、折叠、损坏图书。

图书漂流活动的前期准备工作包括：1.挑选或者征集漂流图书，图书可来自图书馆馆藏，也可以是师生捐赠；2.对漂流图书进行加工装帧，包括制作漂流书封、漂流标签。漂流标签包括活动规则提示标签、阅读记录标签和阅读感言日志等；3.挑选确定图书漂流点，设计制作图书漂流点图案和标志，准备漂流书车等；4.设计制作图书漂流活动的海报和宣传标语；5.拟定并发布图书漂流倡议书。

做好一个图书漂流活动，应该注意：1.加强活动的推广与宣传，有条件的学校，可以举办一个首漂启动仪式；2.做好漂流图书的质量把关，并要做好统计分析工作；3.由于漂流活动是大家自由取阅漂流图书，因此往往丢失的图书比较多。这还需要在漂流活动的管理上做好过程监控，保证漂流图书的回收率[①]。

三、"寻找我的图书借阅史"

比起在校园内拍照留念，一份记录自己成长历史的借阅记录显得更有意义。"寻找我的图书借阅史"就是为每位毕业生量身定做的个人的图书借阅史活动。

---

① 王鸿飞.中小学图书馆建设实践与阅读推广［M］.广州：广东教育出版社，2016：164.

为做好活动宣传，需提前做好活动海报，向毕业生发放，同时在图书馆宣传栏等显眼位置张贴，还可以利用微博、微信等多种形式进行宣传。毕业生在申请表中登记个人信息后，图书馆在管理系统中统计借阅数量，提取毕业生借阅记录清单，并且输出为可打印的文档格式，为参与活动的毕业生进行免费打印，附上设计好的封面及封底，装订成册；也可以事先设计几种不同样式的封面以供选择，也可在封面中加入图书馆的实地照片；同时可在封底撰写对毕业生的话语，以表达图书馆对毕业生的祝福与期望。借阅记录纪念册子制作完成后，由读者领取保存。

"寻找我的图书借阅史"活动除了为毕业生制作借阅记录纪念册，还可以通过该活动鼓励低年级的学生多利用图书馆，多借阅图书，多阅读好书。在活动后期，图书馆可以通过图书馆的宣传平台，展示已经完成的借阅记录纪念册的封面以及优秀毕业生借阅史，发挥该项目活动的影响力。

珠海三中图书馆就曾举办"寻找我的高中图书借阅史"活动，参与人数 86 人，除了应届毕业生外，还有多位往届毕业生来参与，唤起他们成长的记忆。图书馆用作参考模板的毕业生 3 年来共借了 316 本书，所借书目皆为教辅学习类书籍及经典著作，相信这样的借阅经历对其他在校生会有很大的启发及借鉴意义。

四、图书馆利用选修课

在实施素质教育和推行课程改革的过程中，不少学科教师进行了探究实践，尤其是语文教师，提供了许多成功的教学案例，总结了值得借鉴的阅读课型。但借助图书馆这个阅读活动资源平台，以图书馆为主要教学场所，以图书馆利用和信息素养为核心内容，开设"图情与学情"相结合的阅读课，并由图书馆员担任任课教师的非常少。

很多学生可能从来没有到学校图书馆借阅过图书，对自己学校的图书馆没有什么感性认识，开设这样的阅读课，可以让每个学生都来认识图书馆，了解图书馆，学会利用图书馆资源，让他们学会一些简单的图书检索方法，提高学生的自主学习能力，并配合研究性学习的开展，促进他们形成良好的阅读习惯。

2009 年，北师大厦门沧海附属学校成立了阅读课题小组，展开"利用图书馆资源建设书香校园的策略研究"。课题小组成员包括教科研老师、学校领导、图书馆员，并让学生参与了课题计划制定和方案实施。

该校初中部图书情报知识选修课的课时安排和教学内容如表 5-3。[①]

表 5-3　北师大厦门海沧附属学校初中图书情报知识选修课教学计划

周次	教学内容		课时
3~4	第一章　走进图书馆	1. 认识图书馆	2
		2. 了解借阅规则	
		3. 初步认识图书的二十二大类	
5~6	第二章　图书馆的过去、现在及未来	1. 图书的产生与发展	2
		2. 图书馆的由来	
		3. 图书馆的类型及作用	
		4. 感受图书馆	
7~8	第三章　掌握开启图书馆的钥匙	1. 简介图书馆的检索方法	4
		2. 介绍学校图书馆的检索系统	
		3. 利用工具书查找资料	
		4. 如何利用搜索引擎查找文献资料	
11~14	第四章　如何选择图书	1. 怎样选择图书	4
		2. 了解选择读物的途径和方法	
		3. 中小学应该选择哪些读物	
		4. 学以致用，到图书馆实践	
15~16	第五章　各种文体的阅读方法	1. 阅读的基本步骤	2
		2. 文学作品的阅读方法	
		3. 科普读物的阅读方法	
		4. 报纸新闻的阅读方法	
		5. 网络信息资源的阅读	
17~18	第六章　怎样积累知识	1. 知识在于积累	2
		2. 积累知识的主要方法	
		3. 制作摘录式卡片	
		4. 指导学生做读书摘录片	
19~20	综合实践	1. 到图书馆认识架标，亲自体验按类排架、上架	3
		2. 体验图书馆的工作流程	
		3. 定期查找资料	
		4. 学生试做一套摘录卡片	

① 伍漳英. 中小学图书馆资源盘活与阅读推广［M］.北京：北京师范大学出版社，2012：32-37.

第六讲

社会合作

第一节 开展社会合作的意义与策略

一、开展社会合作的意义

中小学图书馆与公共图书馆、高校图书馆、社区图书馆、出版社及商业机构合作，通过资源共享、优势互补，提高文献利用率与服务质量、提升合作双方的社会形象、提升读者满意度，最终实现双赢。社会合作不仅给双方带来了新的机遇，而且让双方获得更充分的发展。中小学图书馆与其他类型机构的合作，目标是为了让广大儿童享受到最优质的服务，所以合作最大的受益者是两者共同服务的群体对象——广大民众，尤其是未成年人。

（一）合作对中小学图书馆而言：走出困境

在国际上，中小学图书馆历来被看成是学校的心脏，常被称为信息资源中心，在学生的课外生活和信息素养培养上发挥着重要的作用。在我国，中小学图书馆的处境却十分尴尬，作为学校的教辅机构，常常让位于课堂教学，没有能够发挥资源中心和第二课堂的作用。由于升学压力未明显缓解、师生作息时间规律性强、每年两次寒暑假，图书馆利用率低、闲置期长、文献资源浪费极大，很多中小学图书馆都形同虚设。

作为图书馆系统中的一种重要类型，中小学图书馆的馆藏量十分丰富，但质量却良莠不齐，为了完成上级的评估，一次突击性采购大量复本的教材、教辅图书是常有的事情，致使图书内容不能很好地满足学生的实际课外需求。中小学图书馆建设没有从学生自身的需求出发，且没有在学生空闲的时间提供服务，学生未能正常的阅读获得图书满足，不能切身体会图书馆在自己学习和生活中的作用，进而对图书馆的角色和重要性无法形成良好认同。长时间的消极应对，使图书馆逐渐淡出学生的视线，无法发挥应有的作用，逐渐沦为学校里常设但却并不重要的机构之一。

此外，中小学图书馆建设存在着严重的不平衡问题，城乡、区域差别明显，中西部地区中小学馆发展迟缓。贵州黔西南州8个县市约500所中小学，只有15所拥有面积不到100平方米的资料室，剩下400余所均没有资料室或图书室。这种情况在经济落后的农村地区更加明显——无馆舍、无藏书、无专职人员的"三无"馆较为普遍 [①]。针对上述存在的问题，中小学图书馆与其他机构的合作，一方面能够在政府财力有限的情况下短时间内让学生在学校内享受到图书馆的服务，满足学生的基本学习和课外阅读需求；另一方面可以借助其他机构在人力、馆藏、活动组织等方面的优势，弥补中小学图书馆运行中存在的不足，让其短时间内走出发展的困境。

（二）合作对其他机构而言：促进自身发展

尽管中小学图书馆的发展不尽人意，但它却有着其他机构所不具备的两项优势：一是稳定而整齐的读者群体，二是均匀而普遍的地理优势。中小学是少年儿童集中的场所，而且按年级进行区分，读写能力和接受能力比较统一，便于阅读活动尤其是分级阅读活动的开展，这是公共图书馆所不具备的。与中小学图书馆合作，可以使公共图书馆的阅读活动更具针对性，阅读推广的效果更好，从而提升公共图书馆的服务效率。另外，中小学图书馆作为学校的常设机构，为便于学生到达，选址通常在适龄儿童的居所附近。伴随义务教育的普及，每个适龄儿童都能实现就近上学，这种普遍、均等的分布正是公共文化服务体系建设所希望实现的。因此，将中小学图书馆作为分馆是公共图书馆总分馆建设中所采取的一项

---

① 傅曦.试论公共图书馆与中小学图书馆之合作［J］.图书馆论坛，2009，29（01）：23-25.

策略，这种在农村、边远地区尤其普遍，借助中小学图书馆的地缘优势，将其他类型的图书馆服务嵌入，从而服务更多的读者群体。

（三）合作对服务对象而言：提供更加优质的服务

中小学图书馆与其他机构的合作，目的都是为了给服务对象——广大民众尤其是少年儿童提供更加优质的服务。与公共图书馆、高校图书馆的合作，是为了利用两馆丰富的馆藏资源、现代化的设施设备、优质的人力资源、形式多样的阅读活动，弥补自身的不足，增强自身的力量，发挥图书馆在学生学习与课外活动中的作用；与社区图书馆的合作，一方面可以让社区民众就近享受到图书馆的服务，另一方面也便于学生们能够在放学后、周末、假期等空闲时间使用图书馆，满足服务对象对图书馆在时间和空间上的要求；与出版社的合作，是希望通过形成良性互动，实现双赢，为广大读者提供最优质的馆藏资源；与商业机构的合作，是希望借助商业力量发展图书馆的现代化和自动化，为读者提供更优质的数字化服务。综上可以看出，中小学图书馆与其他机构的合作落脚点都是为了服务对象能够获得更加优质的服务，所以说合作的最终受益者是广大读者，尤其是儿童和青少年。

二、开展社会合作的策略

中小学图书馆开展社会合作采取何种策略，必须从自身的实际情况出发，明白自己的优势和不足，找准自己的定位，发挥自身优势，克服自身不足。由于合作涉及双方利益，因此需要出台相关政策加以保障。

（一）出台相关政策

中小学图书馆与其他机构开展合作需要有相关政策提供法律上的支持与保障。2015年6月，教育部、文化部和国家新闻出版广电总局联合下发的《关于加强新时期中小学图书馆建设与应用工作的意见》，其中明确规定："中小学图书馆与本地公共图书馆特别是少年儿童图书馆、高等学校图书馆要积极开展合作，推进资源共享，探索实现通借通还。中小学图书馆要主动探索向社区、社会开放，提高馆藏资源利用率。农村中小学图书馆要发挥辐射作用，采取有效措施服务农民精神文化需求。"2018年5月底，教育部关于印发《中小学图书馆（室）规程》

的通知（教基〔2018〕5号）中，第二十九条明确指出"图书馆应当积极与本地公共图书馆，特别是少年儿童图书馆、高等学校图书馆开展馆际合作，实现资源共享。各地教育行政部门要重视和加强乡镇中心学校图书馆建设，辐射周边小规模学校。在确保校园安全的前提下，有条件的学校可以探索向家长、社区有序开放[①]。"这两个文件的出台，从行政层面对中小学图书馆与其他机构的合作提供了政策依据和保障。

（二）成立专门的协会或组织机构

由于中小学图书馆与其他类型的图书馆隶属于不同的上级机构，各自的资源、活动等方面都存在着较大的差异，因此需要建立专门的指导机构作为中间媒介，对中小学图书馆与其他类型图书馆的合作进行指导、培训，提供交流的机会。本着客观、共赢的原则，处于第三方的学会和机构可以创建网站，展示成功合作案例，来鼓励和推动双方合作的开展，也可以搭建在线学习社区，创办电子期刊和博客，为双方交流提供平台。一般选取与双方都有交集的组织作为中间机构，比如中国图书馆学会下设的中小学图书馆委员会、阅读推广委员会、未成年人图书馆服务专业委员会的工作都与未成年人服务有关，且均致力于未成年人的阅读推广工作，可以作为中小学图书馆与公共图书馆合作的中间机构，促进双方的交流与合作。

（三）签订合作协议

合作涉及两个方面，因此合作前要签订协议，以书面形式确认双方的责任、权利与义务，特别是馆藏资源、人员、经费等方面的提供方式以及各方的权利与义务，确保沟通顺畅、合作顺利。双方需抽调专门人员组成委员会进行监督和管理，并根据合作程度制定工作指南、评估与解决问题的原则，以便科学设置业务流程，合理配置文献资源。在合作过程中，双方需对新增业务进行常规统计，提交分析报告，为发展规划提供依据[②]。

---

① 教育部文件（教基〔2018〕5号）教育部关于印发《中小学图书馆（室）规程》的通知［EB/OL］.（2018–05–31）［2018–09–01］. http://www.moe.gov.cn/srcsite/A06/jcys_jyzb/201806/t20180607_338712.html.

② 傅曦.试论公共图书馆与中小学图书馆之合作［J］.图书馆论坛，2009，29（01）：23–25.

第二节　与公共图书馆的合作

作为仅有的两个可以被称为专门为儿童提供图书馆服务的机构——中小学图书馆和公共图书馆，两者之间天然存在着某种联系。在中小学图书馆的所有合作机构中，与公共图书馆的关系最为密切，因为两者具有共同的服务对象和相同的服务目标，建立长效合作机制是教育事业和儿童图书馆事业发展的必然趋势。

这里所说的公共图书馆通常分为两种，一种就是包含有少儿图书馆的公共图书馆，即少儿图书馆以馆中馆的形式附设在公共图书馆内，这种形式在英美等国家较为常见（它们没有独立建制的少儿图书馆），几乎每个公共图书馆内都会开辟出专门的儿童空间，有的还会将儿童和青少年的阅览室分开，常常在色彩、室内装饰等方面与成人阅览室相区别；另一种就是独立建制的少儿图书馆，如我国的西城区青少年儿童图书馆、石景山区少年儿童图书馆、天津市少年儿童图书馆、湖南省少年儿童图书馆和深圳市少年儿童图书馆等，它们作为一个独立的机构，拥有独立的建筑，专门针对未成年人提供服务，室内不设成人阅览室，但属于公共图书馆的一种类型。所谓独立建制少儿图书馆指的是有独立的法人资格，独立的财务核算，独立的人员编制，能独立承担民事责任的少儿图书馆。通常独立建制的少儿馆有自己独立的建筑，服务的对象以 18 岁以下的少年儿童为主，这是我国儿童图书馆特有的一种方式[①]。

一、两者合作的可能性

中小学图书馆与公共图书馆两者合作之所以能够实现，是因为两者之间既有很多共性，又各有侧重，优势互补。正因为它们的共性和个性，让它们的合作成为可能。

（一）服务人群重叠，又各有侧重

中小学图书馆与公共图书馆均服务于未成年人这个群体，两者的服务对象存在交叉，但各有侧重。前者以学龄儿童为主，后者则涵盖了低幼儿童（包含婴儿和蹒跚学步儿童）、学龄前儿童、学龄儿童等各个阶段。为了使孩子从小养成热

---

① 张铁柱，我国少儿图书馆服务的发展对策研究［D］北京：北京大学信息管理系，2010.

爱读书的好习惯，为图书馆的未来培养更多的终身学习者和自主学习者，公共图书馆往往更注重对低幼儿童的服务，采取各种措施让孩子尽早接触图书馆，低幼儿童逐步成为公共图书馆重要的一类服务群体。中小学图书馆的服务人群比较集中，公共图书馆的服务人群比较发散，前者主要服务在校学生及与之关系密切的教师，后者则将与之密切相关的人群（如父母、其他看护人、教师、儿童作家、儿童图书馆学家以及一切对儿童教育感兴趣的人群）都包含在内。

（二）服务目标一致，又各有不同

中小学图书馆和公共图书馆的总目标是一致的，均是为了提高儿童和青少年的识字和读写能力，为他们提供丰富的阅读资源，满足他们不同成长阶段的阅读需求。由于各自的使命不同，所以在具体目标设定上又有所区别。中小学图书馆更多是作为教学的辅助手段，用于丰富学生课堂外的学习与阅读，因此资源主要以教辅资料、工具图书为主，阅读活动与课堂教学的进度紧密结合。公共图书馆的服务则更强调对孩子阅读兴趣和信息能力的培养，注重阅读的愉悦性，因此更多是休闲读物，相比于中小学图书馆，资源类型更加多样，阅读活动更加丰富。

（三）服务时间错峰，资源充分利用

中小学图书馆和公共图书馆在服务人群上的重叠，致使在某些地区存在着两者"争抢"读者的现象。这种情况在独立建制的少儿馆中表现更加明显，周一到周五，公共图书馆（少儿阅览室或独立的少年儿童图书馆）读者稀少，造成资源浪费，这也成为很多人诟病独立建制少儿图书馆的存在是一种错误的原因。放学后、周末与寒暑假，在这些孩子可以放松、自由地去阅读的时间里，学校图书馆伴随教学的阶段性修整与完结而大门紧闭。与之相反，这些时间却是公共图书馆人流最多、最繁忙的时间。两者服务时间错峰开放，通过合作能更好满足读者的需求，使资源实现充分利用。

（四）政策与法律作保障，鼓励两者合作

国际图书馆协会联合会（以下简称"国际图联"）与英美等国早就意识到两者之间合作的重要意义，在出台的图书馆的相关政策文件中鼓励公共图书馆与中小学图书馆合作。《国际图联面向儿童的服务指南》（Guidelines for Children's

Library Services）中指出："学校是图书馆的重要合作伙伴，学校图书馆为儿童提供教育支持，而儿童图书馆为儿童提供自我学习和休闲阅读的服务①"。《国际图联面向青少年的图书馆服务指南》中认为："高质量的青少年服务需要一个与社区其他专业或志愿者机构组成的良好网络体系，在为青少年读者开展的文化、教育和社会生活方面的活动进行协调，以使地方机构之间能从有益于青少年的角度进行。"该指南从文化网络、教育网络和社会网络三个方面进行论述，其中教育网络主要是与学校图书馆的合作，建议学校和公共图书馆之间签订正式协议，保证合作计划的贯彻执行。合作成为国际和英美等国制定图书馆未成年人服务标准 /（规范）中的共性因素（详见表 6–1）。

表 6–1　国际和英美制定的图书馆未成年人服务标准 / 规范中的共性因素

机构 / 地区	标准 / 指南名称	影响因素									
		馆藏	馆员	空间环境（含设备）	服务项目	活动内容	宣传推广	合作	经费	技术	评估管理规划
国际图联	《国际图联面向婴儿和蹒跚学步儿童的图书馆服务发展指南》②	★	★	★	★		★	★	★		★
	《国际图联儿童图书馆服务指南》③	★	★	★	★		★	★	★		★
	《国际图联面向青少年的图书馆服务指南》④	★	★		★	★	★	★			★
美国	《马萨诸塞州面向青少年的公共图书馆服务标准》⑤	★	★	★	★	★				★	★

---

① 国际图联儿童图书馆服务发展指南［EB/OL］.［2018–08–19］. https：//www.ifla.org/files/assets/librar ies–for–children–and–ya/publications/guidelines–for–childrens–libraries–services–zh.pdf.

② Guidelines for Library Services to Babies and Toddlers［EB/OL］.［2018-08-17．https：//www.ifla.org/files/assets/hq/publications/professional-report/100.pdf.

③ Guidelines for Children's Library Services［EB/OL］.［2018–08–17］. https：//www.ifla.org/files/assets/libraries-for-children-and-ya/publications/guidelines-for-childrens-libraries-services-en.pdf.

④ Guidelines for Library Services For Young Adults（revised）［EB/OL］.［2018–08–17］. https：//www.ifla.org/files/assets/libraries-for-children-and-ya/publications/ya-guidelines2-en.pdf.

⑤ Standards for Public Library Service to Young Adults in Massachusetts［EB/OL］.［2019–05–21］. https：//docplayer.net/26129914-Standards-for-public-library-service-to-young-adults-in-massachusetts.html.

续表

机构/地区	标准/指南名称	影响因素									
		馆藏	馆员	空间环境（含设备）	服务项目	活动内容	宣传推广	合作	经费	技术	评估管理规划
美国	《马萨诸塞州面向儿童的公共图书馆服务标准2006》①	★	★	★	★	★			★		
	《堪萨斯州青少年公共图书馆服务指南》②	★	★	★	★	★	★	★	★		★
	内布拉斯加州《面向青年人的图书馆服务指南》③	★	★	★	★	★			★		
英国	《儿童和青少年：图书馆协会的公共图书馆服务指南》④	★	★	★	★			★	★	★	★

　　我国图书馆界也意识到公共图书馆与中小学图书馆合作的必要性，在先后出台的政策中均有所体现。2017年11月出台的《中华人民共和国公共图书馆法》中第四十八条规定"国家支持公共图书馆加强与学校图书馆、科研机构图书馆以及其他类型图书馆的交流与合作，开展联合服务⑤。"相关政策与法律的出台为两者的合作提供了政策依据和法律保障，使两者的合作成为可能。

二、两者合作的前提与原则

　　中小学图书馆与公共图书馆服务人群的重叠、服务目标的一致，加上服务时

---

① Massachusetts Library Association Standards for Public Library Services to Children in Massachusetts［EB/OL］.［2019-05-21］. http://mlayss.pbworks.com/w/file/fetch/53591709/MLA%20YSS%20Children%27s%20Standards%202012%20revision.pdf.

② Kansas Public Library Youth Services Guidelines［EB/OL］.［2018-08-17］. http://www.kslib.info/ce/youthservices2004.pdf.

③ Nebraska Guidelines for Young People's Library Service［J］Library Journal，1983（108）18：1911.

④ Youth Libraries Committee of the Library Association. Children and young people: library association guidelines for public library services［M］London：Library Association Publishing, 1997.

⑤ 中华人民共和国公共图书馆法（2017年11月4日第十二届全国人民代表大会常务委员会第三十次会议通过）［EB/OL］.（2017-11-04）［2018-08-10］. http://www.npc.gov.cn/npc/xin wen/2017-11/04/content_2031427.htm.

间上的错峰补充与政策上的保障和推进，使得两者之间具备合作的可能性，但双方是不同类型的图书馆，分别隶属于教育系统和文化系统，各自的资源、活动等方面都存在着较大的差异。如果两者要实现合作，必须达成共识，即各自的性质不变，行政隶属关系不变，人事与财政关系也可以保留，只是在资源、流通借阅、服务开展、阅读推广等方面共建共享。

中小学图书馆与公共图书馆合作必须遵循如下原则：1. 坚持合作共赢；合作带来的各方收益必定多于单方面独自产生的收益，两者通过合作，可以达到优势互补的效果，产生 1+1>2 的效益。以损害任一合作方的利益为代价来维持合作关系，都是不能长久的。中小学图书馆与公共图书馆在合作中都要遵守互惠互利的规则，努力争取共赢的局面；2. 坚持中小学图书馆的独立性。在中小学图书馆与公共图书馆的合作中，中小学图书馆由于在资源、人员和经费方面的不足，常处于被帮扶、被照顾的位置。因此，在合作中，中小学图书馆必须保持自身的独立性，以平等的身份参与图书馆的联合建设，不能以公共图书馆的附庸而存在。唯有保持独立性，两者的合作方能长久；3. 坚持公共图书馆的公益性。在中小学图书馆与公共图书馆的合作中，公共图书馆必须继续保持在社会上树立的免费、公益、均等、便利的形象，不收取费用、不搞任何盈利性活动[①]。

三、两者合作的方式

中小学图书馆与公共图书馆之间的合作方式通常分为两种：一种是共享协作的局部合作，另一种是联合办馆的深度合作。中小学图书馆与公共图书馆的局部合作早已存在，而且非常普遍，例如，资源的共建共享、不定期的业务指导以及阅读活动的合作协助等。随着合作程度的加深，局部合作转为深度合作，通常是采取联合办馆的方式。国外一般将此称为"联合 / 结合图书馆（Dual-Use Librariesor/Joint-Use Library）"，美国的斯蒂芬妮·马塔（Stephanie Maatta）将此定义为两个或者两个以上类型的图书馆利用其共享的图书馆设施为用户提供信息服务而组成的结合图书馆。

---

① 黄清海. 合作——公共图书馆和中小学图书馆的"双赢"之路［A］. 福建省图书馆学会. 福建省图书馆学会 2013 年学术年会论文集［C］. 福建省图书馆学会，2013：3.

"联合图书馆"的称谓最早可追溯到20世纪30年代的新西兰，当时由地方图书管理部门提供各项支持，以单独兴建、服务各方的联合图书馆形式面世，严格地说是一种学校图书馆与社区公共图书馆共建共享的联合型图书馆。南非、加拿大、英国后来推出的联合图书馆均属此列。联合图书馆主要面对的是资源较为匮乏的偏远农村学校或社区，在其难以独立建立一个功能齐全的公共图书馆的情况下，以政府投资为主，统筹优化学校、社区、农村的各种资源将图书馆搭建起来①。

我国中小学图书馆与公共图书馆联合办馆的出现是随着公共图书馆服务体系的构建，尤其是在总分馆的建设和探索中逐渐出现的，中小学图书馆通常是作为公共图书馆的一个分馆出现的。比较典型的有佛山市禅城区图书馆与张槎中心小学合作建设的禅城区联合图书馆张槎中心小学分馆、苏州图书馆与胥江实验中学合作建设的苏州图书馆胥江实验中学分馆②。还有一种情况，就是在边远的山区或经济欠发达的地区，中小学图书馆往往与公共图书馆采取联合办馆的方式，尤其是农村的中小学图书馆，往往要承担起公共图书馆的某种责任和义务，满足当地村民的阅读需求。对于农村中小学图书馆要发挥辐射作用，惠及周边农民的做法，在《关于加强新时期中小学图书馆建设与应用工作的意见》中有明确规定。

四、各国的探索

（一）美国

在美国，中小学图书馆与公共图书馆的合作主要有三种方式，即班级访问/参观（Classvisit）、作业辅导和联合建馆（Jointuse）。其中，班级访问/参观是公共图书馆与学校进行合作的最主要方式，即以班级为单位对图书馆进行参观。通常这种合作与小学之间开展的较多，目的就是希望在孩子刚入学的时候，向他们普及使用图书馆的理念，同时这也是公共图书馆进行延伸服务的重要方式之一。对很多孩子来说，班级访问是他们第一次来图书馆亲自参观，并形成了对图书馆

---

① 郑君平.对高校图书馆、中学图书馆纳入公共服务体系的思考——晋江市图书馆共享联盟模式［J］.图书馆理论与实践，2015（09）：64-67.
② 陆秀萍.公共图书馆与学校图书馆合作建设显效 FutureforPublic/SchoolLibraryCooperation［N］.中国图书商报，2012-08-28（060）.

的感官认识。利用这个机会，馆员会向孩子们介绍图书馆并对图书馆使用的基本知识进行普及，教给孩子如何使用图书馆、如何查找自己所需的资源，图书馆的服务都有哪些。有时还会让孩子带给家长一封邀请信，内容就是鼓励家长给孩子办一张图书卡，很多孩子就是在班级访问之后成了公共图书馆的读者。

班级访问除了用于图书馆的宣传推广外，还可以作为孩子们以班级为单位参加图书馆活动的一种方式。因为同一班级的学生年龄大致相仿，学习内容相同，这为馆员开展活动提供了依据。馆员通常与教师合作利用图书馆的场所，开展各种阅读活动，如讲故事、书话会或是记者见面会等。教师和馆员每次会选择一个主题，或是与最近学习的内容相关，或是孩子们比较感兴趣的话题。

作业辅导是目前国外公共图书馆与学校合作最主要的方式，与中学的合作多于小学。公共图书馆是除学校之外，为孩子们提供学习支持的重要场所之一。这种课外支持包括正式的学习支持和非正式的学习支持两种方式，其中正式的学习支持包括作业辅导、工具书的使用、读写能力与信息素质的培养、学习与备考技巧教育等；非正式的学习支持就是指公共图书馆开展的各项活动，如暑期阅读、讲故事、书话会、小组讨论等。因为学校图书馆在节假日会停止开放，所以公共图书馆便成为孩子们学习与休闲阅读的首选。公共图书馆会开辟专门的作业角（Homework Center），为孩子准备一些诸如字典、词典、百科全书、名人传记等类型的工具书，以及一些关于本地区历史和文化的图书。此外，还会配备电脑设备，馆员会提前将馆内的数据库或有用的网络资源链接集中在一起，供学生做作业时查找使用。

除了馆内的作业辅导外，依托于现代发达的网络技术，图书馆还会在自己的网站上设置作业辅导热线，孩子可以通过电话、邮件或即时通讯等工具来向馆员或教师求助，如明苏尼达州的圣保罗公共图书馆就为孩子们提供了家庭作业热线，每周一到周四下午的 4 点到 8 点，将有圣保罗公共学校的教师在线即时对孩子们的作业疑难进行解答[①]。此外，馆员还对有用的资源进行分类处理，在自己的网站上集中展示，方便孩子查找使用。一般通过网络来获取作业帮助的主要以掌握了

① Homework Help：Saint Paul Public Library［EB/OL］.［2017–11–12］. http：//www.stpaul.lib.mn.us/homework/resources.html.

电脑基本操作技能的高年级学生为主。

公共图书馆与学校合作的另一个主要的方式就是联合建馆（Joint-use/Dual-use Library），即公共图书馆和学校通过签订合同，共用一座建筑，共享设施设备，服务于公众和学生两类群体。这种方式通常是由学校提供建筑，公共图书馆提供资源与人力。两者的结合有利有弊，好的方面就是通过联合建馆能够消除资源重复建设带来的浪费问题，节约经费、延长开放时间、丰富馆藏资源的类型；不利的方面就是很难满足各个年龄段、有不同需求的读者，在资源的购置上很难把握，由于图书馆馆舍设在学校内，不少成人因此而拒绝使用图书馆，其他学校的学生也不愿意到另一个学校去使用图书馆[①]。

对于公共图书馆与学校的这种结合方式，人们还在继续摸索之中，要想使两者充分的结合，就要首先解决好一些细节性的问题，如馆舍的设置、开放的时间、资金的来源、馆员的设置、图书馆的隶属关系、馆藏资源、目标计划的设置等。印第安那州的副教授雪莉·菲茨吉本（Shirley A. Fitzgibbons）通过以前的研究总结出了学校图书馆和公共图书馆成功结合的一些必要条件：

• 共同的愿景与共同的目标（a shared vision and common goals）；

• 共同制定计划并且遵守相同的政策规范（process of formal planning and adoption of policies and procedures）；

• 持续开展评估，使之成为计划工作的一部分（ongoing evaluation processes as part of planning process）；

• 管理者、决策者、馆员和普通大众分别承担责任（commitment on the part of administrators，decisionmakers，staff and the general public）；

• 保持不断交流沟通的渠道（channels of communication to facilitate ongoing interaction）；

• 拥有充足的资金，包括用于创新的专项资金；拥有充足的馆员，包括负责合作和联络的馆员（adequate funding，including special funds for innovation；and adequate staffing，including staff who serve as coordinating and liaison personnel with

---

[①] Aaron，Shirley，A Study of Combined School–Public Libraries［M］. Chicago：American Library Association，1980.

responsibilities for cooperative activities)。

其他的因素也需要考虑，如时间、激励因素、技术，缺少其中的任何几个因素都将使合作无法正常进行下去 [1]。美国威斯康星州教育部门就曾出台过指导公共图书馆和学校图书馆如何联合办馆的文件。文件中提道：图书馆是社区服务的重要组成部分，是否采用联合办馆的模式提供图书馆服务要进行规划和论证。如果确实要采用这一模式，公共图书馆的理事会、学校的理事会和地方政府都应当认真商讨，同时也应该和威斯康星州教育部门取得联系，稳妥推进联合办馆的具体进程。

美国在中小学图书馆与公共图书馆联合办馆上做了很多尝试。1912 年，克利夫兰（Cleveland）公共图书馆成立高中部，对该地区高中学生提供专门服务，开创了公共馆与学校图书馆联合服务的先河。1920 年，全美最大的公共图书馆纽约公共图书馆成立学校部，对全市各级各类学校图书馆的日常管理提供支持 [2]。20 世纪八九十年代是探索的高潮时期，出现了很多合作案例。如密西根州的盐水高中（Saline High School）与盐水社区图书馆的合作 [3]、纽约州韦斯切斯特郡的学校图书馆与公共图书馆的合作 [4]、美国弗吉尼亚州彼得斯堡的一个社区公共图书馆与当地的杜鹃花中学图书馆合作等 [5]。其中较早出现的是印第安纳州的格林敦联合图书馆（Greentown Combined Library），它是格林敦和东霍华兹（Greentown and Eastern Howardz）中小学图书馆以及格林敦公共图书馆（Greentown Public Library）联合的结果，该馆由两部分组成，设在小学部的格林敦联合图书馆为小学师生及当地的公众服务，设在中学部的联合图书馆负责为初中、高中及公众服

[1] School and Public Library Relationships Essential Ingredients in Implementing Educational Reforms and Improving Student Learning [J/OL] [2018–02–04]. http://www.ala.org/ala/aasl/aaslpubsandjournals/slmrb/slmrcontents/volume32000/relationships.cfm.

[2] 柴会明. 美国学校图书馆服务标准化进程述评 [J]. 中国图书馆学报，2015，41（01）：112–123.

[3] Karen Commings. Public/School Library Cooperation Highlights Two Automation Projects [J]. Computers in Libraries, 1996：14, 16.

[4] Judith Rovenger. School/Library Cooperation：Westchester Findsa Way [J]. School Library Journals, May1986：33–36.

[5] 陆秀萍. 公共图书馆与学校图书馆合作建设显效 Future for Public/ School Library Cooperation [N]. 中国图书商报，2012–08–28（060）.

务。其联合始于 20 个世纪 50 年代，至今已经有 60 余年的历史 [①]。

目前，美国现有的联合图书馆从成员馆之间的合作方式来讲大致可以分成融合型模式和松散型模式。融合型模式是指公共图书馆与中小学图书馆打破门户界限，实行重组，将原有的公共图书馆资源完全融入中小学图书馆资源当中，实现资金统一使用、人员统一调度、资源统一安排使用。松散型模式则不实行实质上的组织机构变动，不变动投资体制，不涉及公共图书馆与学校图书馆原有的资源，各馆的工作人员及干部职位没有变动，各成员馆之间保持相对独立性，通过资源共建共享等方式实现联合办馆。在美国现有的联合图书馆当中，大多数采用的是后一种联合模式，此种联合模式既能保持各成员相对独立性，又能通过资源的共建共享形式以较少的资金投入，实现较大的价值，尽可能的满足学校师生以及公众的信息需求 [②]。

除了联合办馆这种深入合作外，美国公共图书馆和中小学图书馆的局部合作主要有四种方式：网络和资源共享，中小学图书馆利用公共图书馆的网络和资源提供各种服务；馆藏建设合作，在采购图书的时候进行沟通协调，保证本区域资源的数量和质量；信息服务和指导合作，通过合作共同提升未成年人的信息素养；阅读推广合作，将公共图书馆的资源和服务引进学校，共同推动阅读 [③]。

为了促进公共图书馆和中小学图书馆的合作，给未成年人提供学习成长的机会，2015 年，美国联邦政府推出了数字图书馆建设项目，开始通过实际行动，从国家层面推动公共图书馆和中小学图书馆之间的合作。项目指出，接下来的 5 年内，美国联邦通信委员会每年将提供 20 亿美元用于提升图书馆和学校的无线网建设。纽约公共图书馆与其他美国先进图书馆以及数字图书馆组织负责开发专门的电子书阅读客户端，为 4 岁至 18 岁的低收入家庭的孩子提供各种集成电子资源。麦克米兰出版公司、企鹅兰登书屋等著名出版商也承诺将提供低价电子图书。截止到 2015 年 8 月，全美已有超过 30 个城市加入了这一项目，他们给学生们发放本地公共图书馆的借阅卡，方便他们到图书馆利用资源、接受服务。公共

① 于春明.美国公共图书馆与中小学图书馆联合办馆模式研究——以格林敦联合图书馆为例［J］.
图书馆理论与实践，2012（03）；82–83+87.

② 同上。

③ 曹磊.美国积极推进公共图书馆与中小学图书馆的合作［N］.中国文化报，2015–08–26（008）.

图书馆也将开展各种活动，提升孩子们的语言、阅读、思维能力 [①]。

（二）日本

日本中小学图书馆与其他类型图书馆特别是公共图书馆的合作，有法规、政策和体制的要求与保障。《学校图书馆法》明确中小学图书馆与公共图书馆等机构的合作是其法定职责。《关于推进儿童读书活动的基本计划》也对不同类型图书馆之间的合作提出了具体要求。日本中小学图书馆、公共图书馆等不同类型的图书馆都归文部科学省管辖（地方上归教委管辖），这为两个类型图书馆开展合作提供了有利条件。

从实践来看，日本不少地方很早就开展了这方面的尝试。大阪府的箕面市共有 20 所中小学校，从 1998 年起，市政府就在各学校配置学校司书（非正式职员），同时充实学校图书馆和公共图书馆之间的信息和物流网络。为了更好地形成协作机制，各家图书馆在进行馆际互借的同时，发展起各具特色的馆藏资源。对于参考咨询等服务，箕面市也采用这种协作模式。除资源共享之外，公共图书馆员和中小学图书馆员也经常进行充分交流，共同促进未成年人服务水平的提升。箕面市形成了司书合作学习会，专门研究讨论关于儿童和学生服务的相关问题 [②]。

为了推动中小学图书馆和公共图书馆的合作，日本文部科学省举办了一系列活动，例如"学校图书馆支援中心"项目。该活动从 2006 年开始，到 2008 年结束，共有 59 个地区参加了该项目。项目主要内容是设立"学校图书馆支援中心"，指定专门的"协力员"具体负责中小学图书馆与公共图书馆等机构的合作，为中小学图书馆的运营和向社会开放提供帮助，强化中小学图书馆读书中心和学习信息中心的职能。根据 2007 年的调查，开展活动的各个地区，采取的主要举措包括清查整顿学校图书馆馆藏、培训学校图书馆工作人员、建立学校图书馆和公共图书馆物流系统；取得的主要成效包括学校图书馆外借册次增加、利用学校图书馆人数增多 [③]。总的来说，这一项目主要是通过设立"协力员"这个专门负责中

---

① 曹磊 . 美国积极推进公共图书馆与中小学图书馆的合作 [N].中国文化报，2015–08–26（008）.

② 鸟越香 . 箕面市における学校図書館と公共図書館との連携 [EB/OL].［2015–02–28］. http: // www.library.pref.osaka.jp/central/harappa/torikosi.html.

③ 中村由布 .学校図書館と公共図書館の連携：学校図書館支援センター推進事業指定地域への アンケート調査を実施して [J].図書館界，61（1）：30–39.

小学图书馆运营与合作的职位，强化中小学图书馆基本职能的发挥，可以看作学校司书制度的前奏。

根据日本文部科学省的调查，2012 年，日本中小学"与公共图书馆合作"的总体情况是，全国 36483 所中小学校，与公共图书馆开展合作的共有 23249 家，比例为 63.7%。合作的主要形式有馆际互借、开展定期联络会、公共图书馆员定期走访中小学图书馆等，其中馆际互借的实施率最高，达到 88.8%。值得注意的是，初中、高中以及特殊教育学校的图书馆，开展合作活动的比例较低，均未满 50%[①]。

（三）中国

2003 年，我国中小学图书馆已将服务延伸至社区。这一年教育部颁布的《中小学图书馆（室）规程（修订）》规定："各地要采取有效措施，积极开展各种读书活动，鼓励各地中小学图书馆（室）对社区、学生业余时间开放。"为了响应此号召，很多中小学图书馆开始尝试与社区图书馆合作。青岛市南区中小学馆就是在 2003 年开始向社会开放，并成立社区阳光图书馆。青岛市实验小学实行校长直接领导下的馆长负责制，并配有专职人员一名，兼职教师及社区教育义工数名，定期发布新书信息；与社区合作，开办儿童学习中心课后作业辅导班与读书会等服务。2004 年广东省佛山市图书馆开始组建包括各类型图书馆的互通互联、优势互补、资源共享、协同服务的图书馆联合体，当地的惠景中学图书馆、玫瑰小学图书馆也加入合作体系，这可以看成是我国公共图书馆与中小学图书馆正式合作的尝试[②]。

2000 年之后，伴随我国总分馆建设与探索的不断深入，特别是"十一五"时期（2006—2010 年）明确提出建设"覆盖全社会的公共文化服务体系"之后，小学图书馆与公共图书馆合作广泛开展。这种合作目前在我国的区、县以及经济落后的农村比较普遍。区、县图书馆作为区、县的中心图书馆，它承担着为本地区基层图书馆进行业务辅导的重任，中小学图书馆面广量多，是区、县图书馆进

---

① 平成 24 年度「学校図書館の現状に関する調査」結果について（概要）[EB/OL].[2015-02-28]. http://www.mext.go.jp/a_menu/shotou/dokusho/link/__icsFiles/afieldfile/2013/05/16/1330588_1.pdf.

② 傅曦. 试论公共图书馆与中小学图书馆之合作 [J]. 图书馆论坛，2009, 29（01）：23-25.

行业务辅导的重点。尤其是在信息化和现代化的建设过程中，中小学图书馆亟需区、县图书馆的业务指导[①]。在一些经济落后的农村，由于缺乏专职管理人员，文化站、农家书屋处于常年关闭状态，而当地的学校却没有经费设立图书室，可以尝试将乡村文化站、图书室、农家书屋设在学校内，馆藏等资产归属不变，管理和使用权交给学校，既可解决双方的困难，又能提高书刊资源的利用率，做到学生有书读，乡村文化站、农家书屋的书刊资源有人管、有人用。如果家长需要，孩子可从学校将书刊借回去阅读，同样可以发挥为当地村民服务的职能[②]。

　　在我国，中小学图书馆与公共图书馆合作的方式主要有两种：一种是中小学图书馆以公共图书馆分馆的形式建立合作，另一种是以合作活动为主的形式建立合作。前一种适用于规模不大、资金与人员不足的小学图书馆。这种图书馆都不太大，甚至只能称为图书室，可支配的资金少，馆员一般由普通老师担任，馆藏资源更新慢，不能真正发挥图书馆的作用，而当地的公共图书馆一般设有专门的少儿阅览室，且馆藏资源丰富、人员配备专业。小学图书馆以公共馆分馆的形式建立，人员配置、图书采购、馆藏分配、日常业务管理都由公共馆负责，馆藏资源可以定期与公共馆进行更换。这种模式既能帮助小学图书馆发展，又能促进公共馆推广阅读。后一种模式适用于新建的、条件比较好的中学图书馆。这种中学图书馆设备比较完善，有的还会根据自己学校的教学特点形成特别的馆藏资源，如果还是以公共馆分馆的形式合作，有点大材小用，而且中学生对馆藏的要求，一般公共馆员很难掌握。在这种情况下，中学馆与公共馆以举办各类型活动的形式合作，既发挥了公共馆在社会推广阅读的工作优势，又利用了中学馆里积累下来的各学科教学专业知识，在举办活动时就能使活动内容更加专业深入，也使学生能积极参与到各类型的阅读活动中[③]。

　　佛山禅城区图书馆和张槎中心小学图书馆采取的就是以总分馆形式联合办馆的模式。2009 年，禅城区图书馆与张槎街道在成功建设禅城区联合图书馆张槎

① 李瑾.加强区、县公共图书馆与中小学图书馆合作途径的探讨［J］.中小学图书情报世界，2005（04）：24-26.
② 牛波.公共图书馆为未成年人服务的有效途径——与中小学图书馆（室）合作［J］.图书馆界，2016（01）：71-74.
③ 何璐璐.浅论中小学图书馆与公共图书馆的合作［J］.农业网络信息，2015（05）：107-109.

分馆的合作基础上，达成共建张槎中心小学分馆的合作意向。经过近一年时间的筹建和准备，2009年12月25日上午，禅城区联合图书馆第五分馆——张槎中心小学分馆正式开馆。禅城区张槎中心小学坐落在佛山市禅城区西部，位于全国针织名镇张槎街道的中心区域。它在张槎街道学校新一轮学校布局调整、资源整合、推进教育优质均衡发展中应运而生。张槎中心小学由原大江小学、上朗小学、村头小学、村尾小学合并而成。张槎中心小学分馆由禅城区图书馆实行统一管理，实行全免费服务，周二至周五对内开放，周六、周日及寒暑假向社会开放。自开馆以来，在禅城区图书馆的直接管理下，在张槎中心小学的配合、协助下，张槎中心小学分馆紧紧围绕少年儿童读者开展相关服务工作，取得了良好的社会效益，成为我国中小学图书馆与公共图书馆联合办馆的典型代表[1]。

以合作活动为主的合作，包括联合举办阅读推广活动、办理集体外借、参观图书馆、信息素质拓展、特长培训课/信息素养课的开设、组织大型读书系列活动、合作举办多种形式的科普活动、开展社会实践活动等。香港"悦读学校"项目就是香港公共图书馆与中小学校2006年合作开展的阅读推广活动，秉承着"每位学生都必须有广度和深度的阅读，每所学校都可以经营让学生享受、投入阅读的环境和气氛，做到齐阅读、勤阅读、好学习、乐分享"的理念，针对学校在阅读环境、阅读材料和"从阅读中学习"各方面的需要，一站式强化校本阅读环境的经营，全面支援学校在校园的阅读推广，并开辟了"悦读学校"网上服务区，通过网络资源和资讯，分享阅读推广经验，促进阅读[2]。厦门市少年儿童图书馆组织的"红读"报告团到市内各中小学校作"读书伴我成长"专题巡回讲座，用各种传统故事、名人轶事等引导学生多读书、读好书，受到市内各中小学的广泛欢迎。广东省广州市图书馆少儿部的工作人员多次到市内中小学举办阅读活动，包括"图书馆资源利用"讲座、"阅读动起来——有趣的阅读延伸"优秀绘本图书分享会、"探索地震的奥秘"科普互动课堂等[3]。以活动为节点，公共图书馆深入到中小学，

---

① 董保瑞．公共图书馆与中小学图书馆联合办馆的新模式——禅城区联合图书馆张槎中心小学分馆的建设与发展［J］．科技情报开发与经济，2011，21（10）：90–93.

② 康媛媛，胡曦玮．馆校合作：共建中小学校园阅读推广机制——以香港"悦读学校"项目为例［J］．新世纪图书馆，2013（09）：77–79.

③ 招建平．馆校合作探析［J］．中小学图书情报世界，2009（07）：31–33.

与中小学图书馆合作，优势互补，最大限度地满足了中小学生的阅读需求。

五、两者各自的优势与缺陷

中小学图书馆与高校图书馆之间各有优势和不足，正是两者存在着不足，需要互相补充和完善，才为两者的合作提供了可能。

（一）中小学图书馆的优势与缺陷

1. 中小学图书馆的优势

相比公共图书馆，中小学图书馆的布局合理、分布均匀、数量充足。城市中大多数的中小学都有图书馆，而中小学的选址一般都选在少年儿童聚集地区，方便到达，符合图书馆就近服务的原则。以中小学图书馆为分馆来发展公共图书馆的总分馆体系，既可以减少重复投资，使资源充分利用，而且能够在短期内见效，是弥补我国公共图书馆分布不均、辐射不足的有效途径，这种情况在农村以及边远地区尤其常见。中小学图书馆服务对象整齐且集中，方便组织和开展活动。以年级为单位开展各项阅读活动，针对性强，而且效果更好。

2. 中小学图书馆的不足

受经费的限制，中小学图书馆（室）大多藏书量不足，馆藏类型单一，一般局限于纸质图书，连续出版物或数字资源很少；同时受应试教育影响，中小学图书馆（室）藏书侧重于考试学科的教辅、教参和一些文学名著，很难满足中小学生的学习和课外阅读需求；在人员方面，中小学图书馆（室）管理人员缺乏，有的学校图书馆（室）没有固定的专职管理人员，有的管理人员由教师兼职或转岗而来，大多没有接受过专业培训，专业水平较低，管理不规范，缺乏图书流通管理的知识和经验；在数字化、网络化建设方面，相比公共图书馆，中小学图书馆还相对落后，这种情况在偏远的农村以及经济落后地区表现得尤其明显。伴随中小学图书馆信息化建设提上日程，这个问题逐渐凸显出来。中小学图书馆的处境比较尴尬，作为教辅部门，主动和自主能力差，开展服务和活动受学校整体工作的制约，而且常常让位于正常教学活动的开展。周末和寒暑假随着学校放假而停止服务，对于师生的影响力较低。

（二）公共图书馆的优势与不足

1.公共图书馆的优势

公共图书馆作为独立机构，自主性强，是一个可以在开展公共文化服务时独立发挥主导作用并进行经费独立核算的单位，只要在职责范围之内，开展活动和服务具有一定的自主性。在资源方面，公共图书馆能够获取政府稳定的资金投入，因此购买的资源类型更加多样，可以满足少儿课外文化生活的需要。尤其在数字资源以及信息化的投入和建设方面取得了稳定、持久的发展，积累了丰富的经验；在人员方面，公共图书馆员多为专职的图书馆专业技术人员，在多年的服务工作中积累了较为丰富的工作经验，是宝贵的人力资源。

2.公共图书馆的不足

尽管我国绝大多数的公共图书馆都设立了少儿阅览室，但公共图书馆自身的布局和服务半径还不能满足所有人就近阅读的要求，这种情况在县级以下的乡镇、农村以及边远地区尤其明显，因此公共图书馆希望通过总分馆形式来延伸自己的服务范围，将图书馆服务带到人们的身边。将中小学图书馆作为自己的分馆，就是公共图书馆弥补自身数量不足的一个有效措施。由于服务对象的群体年龄跨度大、个体差异明显，公共图书馆开展阅读活动的难度较大，且产生的效果受到一定程度的影响[①]。

六、两者合作面临的主要问题及策略

（一）两者合作面临的主要问题

中小学图书馆与公共图书馆合作的主要问题就是两者隶属于不同的体系，小学图书馆隶属于教育部，属于学校的一个部门，仅受本校管理，各个中小学图书馆之间是各自为营，发展差异大；而公共图书馆隶属于文化部，各级公共图书馆一般在市图书馆的领导下，自上而下自成体系。由于中小学图书馆和公共图书馆分属不同系统管理，导致了两者之间信息不通、管理分离，成为开展合作的一个

---

① 陆其美.城市公共少儿图书馆与中小学图书馆合作模式研究［J］.新世纪图书馆，2011（11）：92–93+9.

重要障碍。另一个重要问题就是两者的性质不同，公共图书馆属于公益性文化机构，强调广泛地为广大民众提供普遍、均等的服务。随着读者权利意识的崛起，公共图书馆一年 365 天开放服务，涵盖 0~99 岁所有年龄段群体，服务时间都尽可能设置在晚上、周末、节假日等方便读者来馆的时间段。中小学图书馆出于安全因素的考虑，在开放范围有严格限制，一般不面向社会开放，尽管近些年出台的政策鼓励中小学图书馆向社会开放，作为学校的一个机构，开放时间与学校保持一致，放学后、周末与假期都不开放。一方面公共图书馆尽可能最大限度地开放，一方面中小学图书馆出于自身保护的封闭，性质的不同，让两者的服务理念和服务行为大相径庭。

（二）两者合作应采取的策略

针对中小学图书馆与公共图书馆合作中存在的问题，可以采取如下两个策略：第一，建立与两者都有密切关联的中间机构作为中介，对两者进行协调，搭建彼此沟通的平台，让双方信息沟通顺畅，从而发挥双方优势，实现合作共赢；第二，将中小学图书馆作为公共图书馆的分馆，面向社区开放，但为了保证学校的安全，可以开辟面向学校和公众的两个入口，彼此的入口之间并不互通，公众能够享受图书馆的服务，却不能通过图书馆进入学校。这样一方面满足了社区公众就近享受图书馆服务的需求，让公共图书馆的服务半径得以延伸；另一方面确保了学校的安全，提高了中小学图书馆的利用效率。

第三节　与其他机构的合作

一、与高校图书馆的合作

中小学图书馆是我国图书馆事业发展中较为薄弱的部分，普遍存在投入不多、馆舍不够、书刊不足、人员素质不高、管理不善及图书馆利用意识淡薄等问题。为了解决这些问题，较为可行的途径就是走合作发展道路，寻求其他图书馆的帮助。高校图书馆是除公共图书馆外，中小学图书馆最佳的合作对象之一。由于两者均隶属于教育系统，因此与高校图书馆合作比与公共图书馆合作更具优势。

我国高校图书馆自 20 世纪 80 年代就开始面向社会开放 [1]，2002 年 2 月，教育部修订颁布的《普通高等学校图书馆规程》出台，（第 21 条："有条件的高等学校图书馆应尽可能地向社会读者和社区读者开放"）加速了高校图书馆对外开放的步伐。高校图书馆凭借在人员、资源、经费等方面的优势，成为中小学图书馆最佳合作对象。不过现实中高校图书馆没有积极对外开放，加之我国中小学图书馆长期处于封闭办馆状态，因此两者合作的实例并不多。全国仅有北京师范大学、首都师范大学、华东师范大学、湖北教育学院、浙江教育学院等院校图书馆尝试与中小学图书馆合作，创建了一些有关中小学教科书、参考书目及具有基础教育特色的数据库，而为中小学师生提供书刊借阅服务的则仅有宁波大学园区图书馆等极少数高校图书馆 [2]。

自 2007 年开始，宁波大学园区图书馆尝试与中小学图书馆开展合作，为合作的中小学图书馆免费安装使用大学园区图书馆的汇文管理系统软件，免费提供数字资源，一次性免费调拨图书 1000 册，并定期调换，此举受到了合作方的广泛欢迎。宁波大学园区图书馆与中小学图书馆主要在学生借阅服务、教师文献信息服务、内部管理辅导服务、服务功能拓展等领域一起合作。合作的模式共有四种：1. 总馆分馆模式。这是一种紧密型、全方位的合作模式，中小学图书馆委托宁波大学园区图书馆管理，成为总馆的一个分馆，实现图书的统一采购、统一编目、统一调配，采用统一的图书文献管理软件，实现图书借阅的通借通还。甚至在条件成熟时，分馆的管理服务人员全部由总馆提供，纳入总馆的统一管理和调配，总馆按分馆所在学校对图书信息的要求提供全方位的图书信息服务；2. 图书流动借阅点模式。这是一种相对比较松散的合作模式，宁波大学园区图书馆为建立合作关系的中小学图书馆定期提供流动图书，解决中小学图书馆图书数量少、更新慢的问题。还可利用宁波大学园区图书馆开放的网上借阅系统，定期为中小学师生提供网上借阅、上门借还图书的服务；3. 数字图书馆服务点模式。建立合

① 赵晓兵，王红娟. 地方高校图书馆与中小学实现资源共享的可行性及意义——以保定学院图书馆为例［J］. 河北科技图苑，2012，25（01）：31–33+9.
② 卓毓荣. 中小学图书馆与高校图书馆合作问题探索——基于广州市调研数据的实证分析［J］. 图书馆建设，2011（06）：93–97.

作关系的中小学图书馆成为宁波数字图书馆的特设服务点，可以免费提供各类型科技文献题录和文摘等第二次文献的即时下载或原文传递服务，极大地提高中小学利用科学文献信息的水平；4.学校图书馆工作者协会模式。宁波大学园区图书馆牵头组建全市学校图书馆工作者协会，可以为有意愿加入的全市各级各类中小学图书馆工作者提供一个业务交流、信息沟通的平台，更好地促进全市学校图书馆事业的发展[①]。

在大力倡导资源共享、提高资源利用率的今天，高校图书馆应深化服务内涵、创新服务模式，强化其社会教育职能。与中小学图书馆合作是高校图书馆不断向社会开放迈出的重要一步和良好开端，服务地方基础教育，开设检索课程，提升中小学生的素质教育，引导基础教育群体更好地使用和利用资源，满足他们的课外阅读需求。高校图书馆可以发挥自己在资源、人员、技术、管理方面的优势，在馆舍内部规划、自动化系统规划建设、训练志愿者、分编工作、流通业务、图书馆利用教育、图书馆活动、专题讲座等多个方面对中小学图书馆实施帮扶[②]。高校图书馆与中小学图书馆的合作是互惠共赢的，既是高校图书馆职能延伸、对外开放的必然要求，同时也是中小学图书馆走出困境，发展学生素质教育必须迈出的重要一步。

二、与社区图书馆的合作

社区图书馆是指建立在社区内，根据社区居民的需要，通过对文献信息及其他来源的信息进行选择、搜集、加工、组织，并提供社区居民使用的文化教育机构和社区信息交流中心。从社区图书馆的定义可以看出，社区图书馆主要是服务于社区居民的，针对居民的闲暇时间来合理安排各种服务，因其灵活易接近，享有"居民家门口的图书馆"的美誉[③]。在社区中，老年人和儿童因为有较多的空闲

---

① 林佩玲.宁波大学园区图书馆与中小学图书馆合作的实践与思考[J].宁波教育学院学报，2009，11（06）：99–101.

② 梁纪凤，神潇，缪萍.试论高校图书馆对中小学图书馆的帮扶[J].宁德师范学院学报（哲学社会科学版），2018（01）：114–116.

③ 刘兹恒，薛旻.论社区图书馆的功能、模式及管理机制[J].中国图书馆学报，2002（05）：31–34+59.

时间，成为社区的重点人群。尤其是节假日、寒暑假，面向少年儿童的服务成为社区的重点工作。在理想状态下，每个社区都应该设置社区图书馆来满足社区居民的基本文化需求，可现实受经费影响，并不能保障每个社区都设图书馆，这种情况在乡镇和农村表现尤其明显。目前，我国的社区图书馆还是以城市社区图书馆为主，乡镇和农村社区图书馆数量严重不足，一般以农村书屋和文化馆（站）充当社区图书馆的角色。总体来看，我国社区图书馆建设明显存在着地区差异和城乡差异。资金不足、藏书量少、图书更新慢，成为社区图书馆发展的瓶颈，场地不足则是最严重的问题之一。

中小学图书馆作为学校的辅助设施，伴随我国基础教育的普及，在地理分布具有很大的优势，从城市到乡镇再到农村，凡是有适龄儿童的地方就有学校，作为配套设施，学校一般都会设置图书馆。中小学图书馆在地缘上的均匀分布，是其他任何类型图书馆都无法比拟的。中小学图书馆与社区图书馆的合作，解决了社区图书馆的场地问题，能够短时间内让每个社区拥有自己的图书馆。由于中小学图书馆的选址通常在学生居住地的周围，因此可以更好地满足社区重要服务对象——儿童的需求。两者的合作，让周末和寒暑假闲置的中小学图书馆得以发挥作用，资源得以充分利用，并且社区图书馆也能在短时间内得以普及，可谓是双赢。

三、与出版社的合作

图书馆与出版社的关系非常密切，位于图书采买产业链的两端，其中一个是资料的最终获取者，一个是内容的提供者，两者之间并不是简单的经济利益关系，而是相互依存、相互促进的合作关系。一方面出版社出版种类丰富、高质量内容的图书推动图书馆的发展；另一方面，图书馆作为出版社稳定而实力雄厚的客源，反过来影响出版社的经济效益[①]。

采购高质量的图书是馆藏建设顺利开展的基础工作，早在2003年教育部下发的《中小学图书馆（室）规程》中就明确了图书馆要根据学校教育、教学和教研工作的需要广泛采集国内外相关图书资料，并给出了《中小学图书馆（室）藏书分类比》和《图书馆（室）藏书量》的具体标准。2015年，教育部、文化部、

---

① 姜晶．跨界合作在图书馆与出版社、书商合作中的应用研究［J］．创新科技，2015（09）：73-75.

国家新闻出版广电总局出台的《关于加强新时期中小学图书馆建设与应用工作的意见》中指出"各地中小学要重视对校本资源、特色资源的收集、整理、加工、保存和应用",并编制《全国中小学图书馆(室)推荐书目》作为中小学图书馆馆藏采购的主要参考依据。可见馆藏资源建设历来就是中小学图书馆建设的重要内容。

为了给师生采购到高质量的图书,中小学图书馆与出版社,尤其是优秀的老牌出版社之间建立了长期而稳定的合作关系。作为中小学图书馆馆配商的出版社,不仅会主动推送新书内容,而且会结合服务学校的特点和教学计划有针对性地推荐书单。借助于现代化的网络化与科技化带来的便利,除了线下联系外,中小学图书馆与出版社之间还建立了线上采购平台,让所有图书的采买变得更加透明、公开、及时。学校成立专门的采购决策委员会,听取师生意见,确定最后购买方案,而出版社方面通过联合运营形成合力,为中小学图书馆提供更加优质、精确和贴心的服务。中小学图书馆与出版社的合作是必须也是必要的,合作带来了双赢,让双方朝着更加健康的方向发展。

四、与计算机厂商、数据库提供商等商业机构的合作

20 世纪 80 年代以来,素质教育取代应试教育,成为中小学教育改革的主旋律。自 20 世纪 90 年代初,中共中央、国务院印发《中国教育改革和发展纲要》开始,相关部门先后出台了 7 部推进素质教育进程的政策文件,如《中共中央关于教育体制的决定》《中华人民共和国义务教育法》等都强调了素质教育的重要意义。2010 年,在党的"十七大"提出的关于"优先发展教育,建设人力资源强国"战略部署的要求下,我国又颁布了《国家中长期教育改革和发展规划纲要(2010—2020 年)》,明确未来十年的教育改革要坚持德育为先、能力为重、全面发展,到 2020 年基本实现教育现代化,进入人力资源强国行列[①]。尽管在素质教育改革的进程中,中小学图书馆并没有充当起素质教育的直接参与者和推动者,却被作为素质教育的保障条件,融入素质教育的浪潮中。

---

① 于斌斌. 国外中小学图书馆对学生学业表现的影响研究综述[J]. 中国图书馆学报,2013,39(05):98–108.

在相关政策的引导下，为了加强学生的信息素养教育，提高自动化和现代化水平，学校图书馆也积极采取相关措施：建设数字馆藏、开办电子阅览室、开设信息素养课程、实现信息化管理，一时之间图书馆的信息化建设风生水起。信息化程度和建设水平的高低成为图书馆是否达标的评估标准之一，影响到学校整体发展。信息化的建设离不开计算机、数据库、网站等软硬件设施设备，因此中小学图书馆开始广泛地与电脑制造商、数据库提供商等接触，成为它们的重要客户之一。为了开拓更广阔的市场，很多电脑厂商主动出击，相继推出了不同力度的优惠和试用政策。IBM 公司早在 1984 年就开始推行"IBM 个人电脑在中小学图书馆中的应用"项目，试图将 IBM 的商业机植入到教学与课堂中，并获得成功，占领了中小学图书馆市场 [①]。中小学图书馆与计算机厂商、数据库提供商等合作，是时代发展的必然要求，唯有如此，中小学图书馆才能跟上时代的步伐。

---

① Hyman，M. Computerising School Libraries in Croydon–an Exercisein Cooperation between Education and Business［J］.Library Micromation News，April，1987（16），page 3–8.

第七讲

国际发展

第一节　日本

一、引言

在日本，中小学图书馆一般称为学校图书馆。根据《学校图书馆法》的规定，日本中小学图书馆包括小学、初中、高中及对应教育层次的盲人学校、聋人学校和特殊教育学校的图书馆①。总体上来看，日本中小学图书馆的各项活动及其整体发展，有明确的法律基础，有完备的政策措施支撑，行业的发展水平较高，与其他类型图书馆合作较为密切，还有良好的社会氛围，在推动日本图书馆事业发展、提升未成年人阅读素养等方面起到了积极作用。

二、政策法规体系

（一）法律法规

1.《学校图书馆法》

《学校图书馆法》制定于 1953 年，截至 2017 年年底，该法已经进行了 11 次

---

① 学校図書館法(昭和 28 年 8 月 8 日法律第 185 号)〔EB/OL〕.〔2018–07–28〕. http://elaws.e–go v.go. jp/search/elawsSearch/elaws_search/lsg0500/detail?lawId=328AC1000000185.

修正，其中 9 次是连带修正（因为相关法律发生变动而产生的修正），另外有 2 次是针对法律文本的专门修正 ①。目前，该法律共 8 条，就中小学图书馆的定义、运营、设置、工作人员（称为司书教谕）、政府责任等方面做了明确规定。法律规定日本所有的小学、初中和高中及相应类型的学校，必须要设置图书馆，强调中小学图书馆是学校教育活动中的基础性设施，并对其功能、人员等重点方面提出了明确要求，指出政府应当不断充实和发展中小学图书馆事业。

除了《学校图书馆法》之外，有些法律与中小学图书馆的关系比较密切，例如《关于推进儿童读书活动的法律》和《文字、活字文化振兴法》。这两部法律确立了全社会共同推动阅读发展的体制，中小学图书馆作为未成年人阅读环境的重要组成部分，被赋予重要的责任。

2. 配套法规

与《学校图书馆法》相配套，日本有一系列法规法令，主要是关于《学校图书馆法》附则内容说明的政令、《司书教谕讲习规程》（以下简称《规程》）和《学校图书馆图书标准》（以下简称《标准》）等。其中政令主要对法律中关于学校规模的规定进行了明确，后两者则对法律没有具体展开的关于司书教谕以及馆藏建设的内容进行了详细的规定。

《规程》规定了司书教谕获取资格、专业培训的相关内容 ②。获取教谕资格的教员或者大学二年级以上且修满 62 个课时的学生方能够参加专业培训。参加培训共需完成《学校经营与学校图书馆》《学校馆藏构成》《学习指导与学校图书馆》《读书与丰富的人性》《信息媒介使用》等 5 门课程。如果某人已经获取司书资格 ③，且通过文部科学省的认定，他也能够获取司书教谕的正式资格。

《标准》制定于 1993 年，明确了义务教育阶段中小学图书馆的图书配置标

---

① 法令沿革一览学校图書館法（昭和 28 年 8 月 8 日法律第 185 号）[EB/OL].［2018–07–28］.http：// hourei.ndl.go.jp/SearchSys/viewEnkaku.do?i=JxsoqYhDOaNbW6%2f7nBWXYg%3d%3d.

② 学校图書館司書教谕講習規程［EB/OL］.［2018–07–28］. http：//www.mext.go.jp/a_menu/shotou/ dokusho/link/080617/009.pdf.

③ 日本《图书馆法》（规定日本公共图书馆事业的各项制度）规定在公共图书馆工作的专业人员称为司书，需要通过文部科学省的培训课程才能获得司书资格。

准①。该标准总共分为 8 个分表，依次为小学、初中、盲人小学、盲人初中、聋人小学、聋人初中、养护小学、养护初中等。小学阶段的标准共分 7 个规模层次，初中阶段的标准共分 6 个规模层次，各自有相应标准。2007 年后，盲人学校、聋人学校和养护学校统一称为"特别援助学校"，该标准也进行了相应的修改。该标准的具体内容如下表 7–1、7–2 所示，每一个规模层级的学校，有不同数量的图书配备要求。图书的数量由基本数量和变动部分构成，为各中小学图书馆配置馆藏明确了基本要求。

表 7–1　学校图书馆图书标准（小学部分）

班级数	藏书册数
1	2400
2	3000
3~6	3000 ＋ 520 × （班级数—2）
7~12	5080 ＋ 480 × （班级数—6）
13~18	7960 ＋ 400 × （班级数—12）
19~30	10360 ＋ 200 × （班级数—18）
31	12760 ＋ 120 × （班级数—30）

表 7–2　学校图书馆图书标准（中学部分）

班级数	藏书册数
1~2	4800
3~6	4800 ＋ 640 × （班级数—2）
7~12	7360 ＋ 520 × （班级数—6）
13~18	10720 ＋ 480 × （班级数—12）
19~30	10360 ＋ 320 × （班级数—18）
31	17440 ＋ 160 × （班级数—30）

（二）政策体系

日本文部科学省是具体负责中小学图书馆事业的中央政府机关。文部科学省对于中小学图书馆的政策措施集中体现在《关于推进儿童读书活动的基本计划》

---

① 学校図書館図書標準［EB/OL］.［2018–07–28］. http://www.mext.go.jp/a_menu/sports/dokusyo/hourei/cont_001/016.htm.

（以下简称《基本计划》）中。此外，文部科学省定期向社会公布中小学图书馆的调查数据，组织社会各界人士讨论中小学图书馆重大发展问题的临时性委员会，辅助政府决策。

《基本计划》是日本开展未成年人阅读推广工作的基本纲领，就中小学图书馆履行职能、提升阅读环境等方面的工作作了具体安排。自2002年以来，已经先后制定了三轮计划，每轮计划的时间跨度是5年左右。《基本计划》强调中小学图书馆的重要作用。2002年的《基本计划》认为，对于学生来说，中小学图书馆是学校的读书中心和学习信息中心，是学校教育的核心[1]。2013年的《基本计划》进一步提出中小学图书馆是学生的"心灵寓所"[2]。对于教职员来说，中小学图书馆有提供资料、参考咨询的功能；对于本地区和家庭来说，也是重要的文化设施。为促进中小学图书馆发挥其应有的职能，日本政府推出一系列以充实中小学图书馆馆藏、扩充工作人员和提升设施设备为中心的政策。

在馆藏方面，日本政府要求充实中小学图书馆的图书资料。1993年，日本制定《标准》，明确义务教育阶段中小学图书馆的图书配置标准。2002年的第一次《基本计划》提出图书充实5年计划，这一计划此后一直延续。2002到2006年共投入650亿日元，2007年到2011年共投入1000亿日元，2012年开始，新一轮的充实计划继续开展，保持每年投入200亿日元的力度不变，同时每年新增加投入15亿日元用于购置报纸。

在工作人员方面，日本政府不断强化中小学图书馆的专业馆员制度的落实。《基本计划》规定要形成以校长为领导、司书教谕为核心、教职员工和志愿者共同参加的中小学图书馆运营体制。日本常年开展司书教谕的培训课程，明确司书教谕必须要接受国家规定的专业课程培训。此外，为了保证中小学图书馆正常开展各项活动，日本逐步建立起学校司书制度。学校司书是司书教谕的辅助人员。从2012年开始，日本政府每年拨出150亿日元用于支持配置学校司书。

在设施设备方面，日本政府重点加强馆舍、信息化等方面的投入。为此，日

---

[1] 子どもの読書活動の推進に関する基本的な計画（第一次）[EB/OL].[2018–07–28]. http://www.mext.go.jp/a_menu/sports/dokusyo/hourei/cont_001/003.pdf.

[2] 子どもの読書活動の推進に関する基本的な計画（第三次）[EB/OL].[2018–07–28]. http://www.mext.go.jp/b_menu/houdou/25/05/__icsFiles/afieldfile/2013/05/17/1335078_01.pdf.

本政府专门出台《学校图书馆充实补助制度》，针对学校图书馆内部改造、安装空调、改造局域网、改造木质结构建筑给予数额不等的国库补助金，补助的比例视各地财政状况而定。

目前，日本各级政府的财政状况不太理想，为了保证上述政策的顺利实施，日本中央政府利用地方交付税 ① 来保证中小学图书馆的图书资料、信息化和学校司书的财政支出。

三、图书馆实践

（一）行业组织

日本全国学校图书馆协议会（School Library Association，简称全国 SLA），是日本中小学图书馆的行业组织，成立于 1950 年。协会成立时的宣言认为"学校图书馆在教育活动中起到培育民主思考方式、自主意识和创造高度文明的重要作用② "。为此，全国 SLA 不仅要指导学生更好地利用图书资料，养成健全的判断力、智力和意识，还要努力推动日本教育的革新。目前，全国 SLA 已经形成了覆盖全日本的组织体系，共有 61 家地方分支机构。全国 SLA 一直致力于发展日本的中小学图书馆事业，常年开展丰富多样的活动，比较重要的举措有以下几个方面：

1. 制定行业规范和标准

1991 年全国 SLA 通过《学校图书馆宪章》。这份文件是日本中小学图书馆行业的基本立足点，从理念、职能、职员、资料、设施和运营等方面，简明扼要地提出了发展中小学图书馆的希望和要求 ③。除了纲领性文件，全国 SLA 还制定了中小学图书馆的各类业务标准。全国 SLA 制定的业务规范和标准共 11 项，分别是馆藏建设标准（4 项）、设施设备标准（2 项）、评估工作标准（2 项）、馆员培训标准（1

---

① 地方交付税不是一种税收，而是依据 1954 年制定的《地方交付税法》，由日本中央政府在个人所得税、公司所得税、酒税、增值税和烟税 5 种国家税收的基础上，按照一定比例和系数加成后形成的财政基金，按照一定的标准在全国各地方政府间进行分配。

② 全国 SLA 创立时の结成「宣言」[EB/OL].[2018–07–28].http://www.j–sla.or.jp/about/declaration.html.

③ 学校图书馆宪章 [EB/OL].[2018–07–28].http://www.j–sla.or.jp/material/sla/post–33.html.

项）、活动指导标准（1项）、残障人士服务指导文件（1项）[①]。这些标准基本涵盖了中小学图书馆运营发展的不同业务范围，全国 SLA 对这些文件定期进行修改。

2. 推进中小学生阅读

目前，全国 SLA 举办的全国性阅读活动有读后感比赛、读后画竞赛和读书甲子园（高中生读书会活动）等，其中读后感比赛影响最大。该活动创办于 1955 年，由全国 SLA 和日本每日新闻社共同主办，日本内阁总理府和文部科学省都是活动的赞助方。活动一般以学校为单位展开，通过校内、本地、县级（相当于中国的省级）、全国的层层选拔确定最终结果。比赛对小学低年级、中年级、高年级，初中和高中的学生有不同要求。参赛的学生可以阅读组织方选定的图书撰写读后感，也可以撰写自己选择的图书读后感。对于获奖学生，由政府牵头，在每年 2 月份举办颁奖仪式，分别授予不同等级的奖励，还会给学校颁发组织奖。近年来，每次比赛收到的征文数量均超过 400 万篇。2017 年的第 63 届比赛，共有 91 篇文章获奖[②]。

3. 组织研究进修活动

全国 SLA 举办的重点活动有全国学校图书馆研究会（隔年开展）、地区学校图书馆研究会（与全国研究会交错隔年开展）、学校图书馆专业馆员研究会、学校图书馆暑期研究会、学校图书馆有关课程大学授课教师研究会、国内学校图书馆研究考察、国外学校图书馆研究考察等。全国学校图书馆研究会是日本中小学图书馆的全国大会，由全国 SLA、主办地 SLA 和主办地的各级教委共同主办，文部科学省等机关则是支持力量。大会一般为期 3 天，根据研究重点和主题，设置 100 个以上的分会场。除了各种研讨交流活动外，研究大会还会组织现场考察等场外活动。一般每次大会的与会者人数都在 2500~3000 人[③]。

4. 推动法规政策改革

全国 SLA 将修正《学校图书馆法》、中小学图书馆购书经费纳入财政预算、确保司书教谕工作时间和专职化、学校司书法制化等一系列措施称为"学校图书

---

① 全国 SLA 制定の各種基準［EB/OL］.［2018–07–28］. http：//www.j–sla.or.jp/material.
② 第 63 回青少年読書感想文全国コンクール入賞者［EB/OL］.［2018–07–28］. http：//www.j–sla.
  or.jp/contest/youngr/63kansoubun–nyousyousya.html.
③ 全国学校図書館研究大会［EB/OL］.［2018–07–28］. http：//www.j–sla.or.jp/seminar/about/post–
  67.html.

馆充实运动"。通过日本社会各界努力，《学校图书馆法》在 2014 年 6 月份进行了修改，增加新的第六条，规定各地要"努力设置"学校司书这一中小学专职岗位，同时明确各地要"努力采取措施"给予学校司书进修等多方面的支持。这一修正案基本是学校司书法制化的第一步。从措辞上看，"努力"二字表明法律的要求并不是强制性的，关于学校司书的规定还有进一步的提升空间。

四、中小学图书馆发展现状

自 21 世纪以来，日本中小学图书馆取得了很大的发展，具体体现为中小图书馆发展水平的提升和学生阅读状况的改善。

馆藏建设方面，数量稳步提升。2002 年小学、初中图书馆的藏书总量是 2.41 亿册[①]，2015 年总量达到 2.92 亿册[②]，增长了 21.2%。2002 年达到《标准》的小学和初中比例为 33.7% 和 26.5%，2015 年的比例为 66.4% 和 55.3%。此外，日本中小学图书馆的馆藏数字化进度也不断发展。2015 年，小学、初中和高中的馆藏数据库化比例分别为 73.9%、72.7% 和 91.3%，比上一年度均有不同程度地提高。

人员保障方面，专业馆员配置率不断提高。2002 年，配置司书教谕的中小学比例为 10.3%，到了 2015 年，这一比例达到 68.5%。仅仅配置司书教谕，还不能很好地保障图书馆正常运营，为此保障学校司书成为日本政府的重点政策之一。近年来，日本各类中小学校配置学校司书的比例不断提高，从 37.9%[③]（2005年，日本政府第一次公布学校司书的配置比例）上升到了 56.3%（2015 年）。

阅读活动方面，活动开展比例增长，方式多样化。开展全校读书活动的中小学比例从 2002 年的 64.4% 提升到了 2015 年的 84.0%。此外，读书活动呈现多样化发展，晨间朗读、故事会、亲子读书会等活动不断涌现。

---

① 平成 14 年度「学校図書館の現状に関する調査」結果について（概要）[EB/OL].[2018–07–28]. http://warp.da.ndl.go.jp/info：ndljp/pid/286184/www.mext.go.jp/b_menu/houdou/15/01/030128.htm，以下 2002 年的数据均根据该来源。

② 平成 28 年度「学校図書館の現状に関する調査」結果について（概要）[EB/OL].[2018–07–28]. http://www.mext.go.jp/a_menu/shotou/dokusho/link/__icsFiles/afieldfile/2016/10/13/1378073_01. pdf，以下 2015 年的数据均根据该来源。

③ 学校図書館の現状に関する調査結果について [EB/OL].[2018–07–28]. http://warp.da.ndl. go.jp/info：ndljp/pid/286184/www.mext.go.jp/b_menu/houdou/18/04/06042518.htm。

中小学图书馆发展水平的提升促进了中小学生阅读状况的整体改善。日本每日新闻社与日本全国学校图书馆协议会每年开展"读书调查"，已经持续63年（截至2017年）。根据统计数据，近年来，日本未成年人阅读率总体情况逐步提升（见表7-3），尤以小学生的成果更为明显。此外，日本中小学生的阅读素养也得到提升。根据PISA[①]的调查，2000年日本学生的能力排名是第8位（32个国家和地区）[②]，2012年提升到第4位（65个国家和地区）[③]，2015年进一步提升到第2位（72个国家和地区）[④]。这些数据都在一定程度上体现了日本中小学图书馆发展的成效。

表7-3　2002~2017年"读书调查"情况[⑤]

时间	小学		初中		高中	
	阅读数量（册）	不读书比例	阅读数量（册）	不读书比例	阅读数量（册）	不读书比例
2002	7.5	8.9%	2.5	32.8%	1.5	56.0%
2005	7.7	5.9%	2.9	24.6%	1.6	50.7%
2008	11.4	5.0%	3.9	14.7%	1.5	51.5%
2011	9.9	6.2%	3.7	16.2%	1.8	50.8%
2012	10.5	4.5%	4.2	16.4%	1.6	53.2%
2013	10.1	5.3%	4.1	16.9%	1.7	45.0%
2014	11.4	3.8%	3.9	15.0%	1.6	48.7%
2015	11.2	4.8%	4.0	13.4%	1.5	51.9%
2016	11.4	4.0%	4.2	15.4%	1.4	57.1%
2017	11.1	5.6%	4.5	15.0%	1.5	50.4%

注：阅读数量指的是过去5个月每个月阅读图书的册数。

① PISA（Programme for International Student Assessment）（国际学生评估项目的缩写）是一项由经济合作与发展组织（Organization for Economic Co-operationand Development，OECD）统筹的学生能力国际评估计划。主要对接近完成基础教育的15岁学生进行评估，测试学生们能否掌握参与社会所需要的知识与技能。
② OECD 生徒の学習到達度調查（PISA）《2000年调查国际结果的要约》[EB/OL].[2018-07-28]. http://www.mext.go.jp/b_menu/toukei/001/index28.htm.
③ PISA 测试日本取得历史最好成绩[EB/OL].[2015-02-28]. http://www.weilan.com.cn/news/53675.html.
④ 2015PISA 测试结果公布：中国（北上广苏）第十[EB/OL].[2018-07-28]. http://edu.qq.com/a/20161207/003687.htm?t=1481073484146.
⑤ 「第63回読書調查」の結果[EB/OL].[2018-07-28]. http://www.j-sla.or.jp/material/research/63.html.

第二节 美国

一、美国中小学图书馆发展的历史与现状

美国中小学图书馆的前身是 19 世纪中期涌现出的学区图书馆（School-District Library 或 District-School Library），它是学校图书馆与公共图书馆的综合体，既服务于学校教育，同时面向社区开放，扮演了公共图书馆和学校图书馆的双重角色[①]。学区图书馆是美国学校图书馆在特定历史时期的产物，是美国早期的公共图书馆发展史和学校图书馆发展史不可逾越的阶段。学区图书馆思想的萌芽早在 1812 年就出现了，1835 年伴随学区图书馆立法的颁布，美国的第一家学区图书馆在纽约州产生，它的存在和发展时期是 19 世纪的 30~70 年代。其中 1835—1855 年是学区图书馆的大发展时期，这一阶段颁布了不少关于学区图书馆的法令，保证地方通过税收来支持学区图书馆的建立和运营，免费向学生和大众开放。到 1876 年根据美国政府统计有 20 个州和 1 个殖民领地建立了学区图书馆[②]。尽管有专门的学区图书馆法对它的发展进行保障，但因为法令强制性较弱，且带有很大的随意性，图书购置费和图书馆维护费不到位，因此学区图书馆存在的时间是短暂的。19 世纪 70 年代之后学区图书馆渐渐走向衰亡，退出了历史舞台。学区图书馆对于美国中小学教育的辅助与推动主要表现在对孩子受教育权的保障上，尤其是为贫困家庭的孩子们提供了接触书籍的机会。当时公共图书馆对读者年龄进行了严格地限制，在周日学校图书馆（Sunday Library）又没有全面开放时间的情况下（只周末开放），学区图书馆满足了很多孩子读书的渴望[③]。

伴随美国义务教育的普及，作为学校教育基本组成部分的图书馆，越来越受到教育管理者的重视。1852 年，美国通过了首个全国性义务教育法案，将学校

---

① "国立"编译馆主编.图书馆学与资讯科学大辞典［M］.台北、纽约、洛杉矶：汉美图书有限公司印行，1995：2303–2304.

② SidneyDitzion.TheDistrict–SchoolLibrary,1935–1855［J］.The Library Quarterly,Vol.10,No.4,（Oct.,1940）：547–577.

③ 张丽.美国早期的学区图书馆研究［J］.国家图书馆学刊，2011，20（02）：90–94.

图书馆确定为学校的基本组成部分，第一次为学校图书馆的发展提供了法律保障。之后，在全美教育协会（National Educational Association，简称 NEA）、美国图书馆协会（ALA）及其下属的学校图书馆协会（AASL）的推动下，连续出台了一系列学校图书馆服务标准，以规范和指导美国中小学图书馆的发展。

美国的中小学图书馆起步于 20 世纪 50 年代，这与 1958 年《国防教育法》（National Defense Education Act of 1958）的颁布密不可分。紧随其后，1965 年《初等与中等教育法》颁布，两部教育法的接连颁布推动了美国中小学图书馆的发展。在《初等与中等教育法》颁布的 3 年内（1965–1968 年），有 12% 的公立中小学建立了自己的图书馆，这些图书馆共服务近 560 万中小学生，1965–1966 年间和 1967—1968 年间大约有 193600 个中小学图书馆扩建项目[1]，拥有图书馆的中小学数量由过去的 52% 上升到了 85%，人均拥有图书的数量也由资助前的 2.6 册 / 人上升到了 4.8 册 / 人。1969 年，伴随多媒介资源的兴起，学校图书馆与时俱进更名为学校图书馆媒体中心（School Library Media Center），馆员也改称多媒介资源专家，图书馆和馆员在推动学生阅读能力、信息素养方面的重要性逐步获得认可。

20 世纪 80 年代以后，重建教育体制成为美国教育改革的主旋律，其核心内容是在信息社会背景下如何实现教育公平与教育效益的统一。面对日益激烈的国际竞争，美国把教育复兴视为提高国家竞争力的重要手段，在政府推动下，多项大规模学校信息化工程实施，基础教育信息化步伐加快。1980 年，美国中学图书馆员协会的主席丽莲·米勒（Marily Miller）在国会上的发言中第一次将图书馆描述为学校的信息基地。在世纪之交美国教育信息化过程中，学校图书馆被视为教育信息化的重要环节，得到国家政策的支持，为今天美国学校图书馆的持续发展奠定基础。到 2000 年，美国 92% 的公立学校拥有学校图书馆媒体中心，85% 的公立中小学拥有专业图书馆员（媒介资源专家）[2]。

2002 年 7 月 4 日，布什总统夫人劳拉召开了"中小学图书馆的白宫会议"，提

---

[1] National Center for Education Statistics.Fifty Years of Supporting Children's Learning：A History of Public School Libraries and Federal Legislation From 1953 to 2000［EB/OL］.（2005–03）［2018–09–03］. https://nces.ed.gov/pubs2005/2005311.pdf.

[2] 同上。

出"一个好的（学校）图书馆可以把孩子带上探索和发现之旅，教给他们如何提出问题和解决问题，最奇妙的事情是你一旦学会了如何使用图书馆，学习的大门将永远向你打开。"会议的联合发起者马丁博士指出："一个好的图书馆能够增强孩子的学习能力……研究表明，开展图书馆项目的学校学生的阅读能力和成绩比没有开展图书馆活动的学校的学生高出了 8%~21%"。再次指出了学校图书馆的重要作用。

2015 年 12 月 10 日，美国总统奥巴马签署了《每一个学生都成功法》（The Every Students Succeeds Act，简称 ESSA）。该法案是对美国前总统小布什于 2002 年签署的《不让一个孩子掉队法》（No Child Left Behind Act，简称 NCLB）的继承和纠偏。该法案于 2016 年 1 月 6 日在全美范围内实施。当年 NCLB 法案的出台是出于美国国内对 20 世纪 70 年代以来公共教育质量下滑、公众对公立学校的秩序和纪律混乱颇有怨言的情况。小布什政府提出这一法案的出发点在于缩小不同种族学生的成绩差异，正如他在签署法案时宣称的一样："我们将要赢得海外的战争，我们在家中也同样要赢得这场反文盲的战争。"《不让一个孩子掉队法》确实提升了整个教育的质量，但是联邦政府考核并且定级的压力，使得学校忙于应付每年的测试，这甚至成为一些中小学日常工作的"指挥棒"。针对 NCLB 法案"一刀切"的缺陷，奥巴马政府在 2010 年 3 月发布了《改革蓝图：中小学教育法再授权》（A Blueprint for Reform：The Reauthorization of the Elementary and Secondary Education Act）以后，于 2011 年呼吁国会修订 NCLB 法案，并于 5 年后出台了 ESSA，付诸实施。两部法案的核心思想都在于保障美国境内学生的教育公平问题。ESSA 法案首次写入了"有效的中小学图书馆活动"和学生的学习成效等内容，有力推动了美国中小学图书馆的发展，使得其在学习型社会中发挥独特和关键的作用。通过中小学图书馆，学生可以更好地理解诸如隐私、保密、信息自由、开放存取、合理使用等概念，更好地理解这些概念与学习的关系。

正如马尔文·R. A. 约翰逊（Marvin R.A. Johnson）所说："学校图书馆会在哪里终止，又会在什么地方以什么样的新形式出现，是一个很难回答的问题，并且随着时间推移这个问题将更难回答。我们可以称之为图书馆，还是教材中心、学习中心、学习资源中心、学习媒体中心以及包括更为复杂内容的新名词？不过可以肯定的是，学校图书馆不会仅是藏书的地方 ①。"随着时间的推移，美国的学校图书馆经历了从单纯的藏书借阅场所向学习中心、媒体中心、信息基地的转变，相信这种改变会随着教育的整体发展而不断深入。

二、美国中小学图书馆持续发展的动因

（一）政策上的支持——美国学校图书馆的服务标准体系

注重服务标准化是美国学校图书馆持续发展的重要因素。自 1920 年起，美国先后出台十个主要的国家级学校图书馆服务标准，期间更有许多配套或修正标准出台，对学校图书馆服务专业化起到巨大的推动作用。这些服务标准主要是由全美教育协会（National Educational Association，简称 NEA）和美国图书馆协会（ALA）及其下属的学校图书馆员协会（AASL）制定的。作为全美唯一的学校图书馆专业协会，AASL 从成立之初，就致力于根据教育需要提供与之相适应的专业化服务，并把服务标准化作为实现这一目标的手段。

颁布出台的 10 个学校图书馆服务标准分别为：1918 年在 NEA 会议上提出，经中小学图书馆部分通过的《不同大小的中学图书馆组织和设备标准》（Standard Library Organization and Equipment for Secondary School of Different Sizes）；1925 年由 ALA 和 NEA 联合通过的《小学图书馆标准》（Elementary School Library Standards），在这个标准中加入了定量指标；1945 年由 ALA 和 NEA 联合通过的《中小学图书馆的今天和明天》（School Libraries for Today and Tomorrow），该标准包含定性和定量两种指标，为战后中小学图书馆的发展进行了规划；1960 年 ALA 下属的 AASL 出台的《中小学图书馆项目标准》（Standards for School Library Programs），这是 AASL 独自制定的第一个中小学图书馆标准；1969 年由 AASL 和 NEA 下属的视音频部门联合制定的《中小学图书馆媒介中心项目标准》（Standards for School Media Programs），在这部标准中出现了诸如媒介资源、媒介专家、媒介中心和媒介项目等新名词；1975 年由 AASL 和美国教育传播与技术协会（Association for Educational Communications and Technology，简

---

① 柴会明.美国学校图书馆服务标准化进程述评［J］.中国图书馆学报，2015，41（01）：112–123.

称 AECT）出台的《媒介项目：地区与学校》（Media Programs：District and
School），这部指南中加入了对学习管理系统（Learning Management System）的
作用和它所扮演角色的讨论；1988 年 AASL 和 AECT 联合制定的《信息的力量：
中小学图书馆媒介项目指南》（Information Power：Guidelines for School Library
Media Programs），在该指南中提出了信息素养、自主学习和社会责任等概念，
是中小学图书馆指南发展历史中的转折点，自此之后信息与中小学图书馆产生
了紧密联系；1998 年 AASL 和 AECT 制定的《信息的力量：协同努力为学习》
（Information Power：Building Partnership for Learning）是 1988 年指南的补充，提
出了学生学习的九大信息素养标准①，并第一次给出了信息素养的定义 "发现和使
用信息的能力②"；2007 年 AASL 制定的《21 世纪学习者标准》（Standards for the
21st Century Learner）是全美中小学图书馆的最新标准，在信息素养的基础上提
出了 "数字化""视觉""文本""技术素养" 和 "多元媒介素养" 等新概念，该
标准还有两个补充文件，一个是促进学校图书馆项目满足不断变化的图书馆环境
需要的《授权学习者：学校图书馆项目指南》（Empowering Learners：Guidelines
for School Library Programs）③，另一个是《21 世纪学习者行动标准》（Standards
for the 21st Century Learnerin Action），这是一个实用的操作手册，通过一些案例
将《21 世纪学习者标准》中的学校标准付诸实施，书中配有彩图和表格，使其

---

① 九大标准，分为三个方面，标准一至标准三为信息素养方面、标准四至标准六为自主学习方面、
标准七至标准九为社会责任方面。具体内容如下：标准一，具有信息素养的学生能够有效地和
高效地获取信息；标准二，具有信息素养的学生能够熟练地和批判地评价信息；标准三，具有
信息素养的学生能够准确地、创造地使用信息；标准四：作为一个独立学习者的学生具有信息
素养，并能探求与个人兴趣相关的信息；标准五，作为一个独立学习者的学生具有信息素养，
并能欣赏作品和其他对信息进行创造性表达的内容；标准六，作为一个独立学习者的学生具有
信息素养，并能力争在信息查询和知识创新中做得最好；标准七，对学习社区和社会有积极贡
献的学生具有信息素养，并能认识信息对民主化社会的重要性；标准八，对学习社区和社会有
积极贡献的学生具有信息素养，并能实行与信息和信息技术相关的符合伦理道德的行为；标准
九，对学习社区和社会有积极贡献的学生具有信息素养，并能积极参与到小组的活动探求和创
建信息中去。资料来源：http://www.d91.net/LRC/LRCPDF/Attachment%201-A.pdf.

② Information Power：Building Partnerships for Learning［EB/OL］.［2018-09-05］. http://www.
naesp.org/resources/2/Research_Roundup/2007/RR2007v23n2a3.pdf.

③ Empowering Learners：Guidelines for School Library Programs［EB/OL］.［2011-07-23］. http://
www.ala.org/ala/mgrps/divs/aasl/guidelinesandstandards/learningstandards/guidelines.cfm.

变得更简单易用 ①；2017 年，美国中小学图书馆员协会发布了《国家学校图书馆标准》（National Standards of School Library），为中小学图书馆员提供了根据当地优先事项制定课程、以个性化体验适应学生成长的框架结构。标准的综合框架反映了全面的教和学的方法，并从学生、图书馆员和图书馆标准三个维度展开，强调了学生、图书馆员与图书馆三者之间的合作在以学生为中心的学习过程中的重要作用 ②。

美国中小学图书馆标准的发展历史从一个侧面反映了中小学图书馆的发展变化，1969 年伴随多媒介资源的兴起，学校图书馆改为学校图书馆媒体中心（School Library Media Center），馆员也改为了多媒介资源专家，标准名称随之改为《中小学图书馆媒介中心项目标准》，及时反映了这一变化 ③。20 世纪 80 年代末，信息素养能力在信息时代受到了人们的重视，于是 1988 年出台的《信息的力量：中小学图书馆媒介项目指南》反映了这一趋势，强调了读写能力和信息检索的重要性，成为美国中小学图书馆标准发展过程中最重要的一部。2007 年的《21 世纪学习者标准》将"数字化""文本""多元媒介"等新兴概念融入表述之中，形成了如下的理念："阅读是了解世界的窗口""质疑为学习提供了一个基础""使用信息的道德规范必须教给学生""技术能力是未来就业的关键所在""平等获取信息是教育的一个基本构成元件""伴随资源和技术的发展信息素养的定义变得更加复杂""不断扩展的信息需求要求每个人都需要掌握独立思考的能力，从而保障他们能够自主进行学习""学习有社会氛围，需要学会同他人分享和共同学习""学校图书馆对于学习技能的发展十分必要"；指出了学习者使用技能、资源和各种工具进行学习的四个步骤 ④。2017 年的《国家学校图书馆标准》是《AASL 面向学习者、学校馆员和学校图书馆的标准框架》（AASL Standards Framework for Learners，School Librarians and School Libraries）的组成部分之一，从学生、图书馆员、图书馆三个角度将教与学联系起来，分别从思想、创造、分享、成长

① Standards for the 21st Century Learner in Action［EB/OL］.［2011–07–23］. http://www.ala.org/ala/mgrps/divs/aasl/guidelinesandstandards/learningstandards/standardsinaction.cfm.

② 曹磊 . 图书馆对教育发展的推动作用［N］. 新华书目报，2018–05–18（011）.

③ SaraInnis Fenwick. Library Service to Children and Young People.［J］Library Trends.Jul，1976：353.

④ Standards for the 21st Century Learner［EB/OL］.［2018–09–05］. http://www.ala.org/ala/mgrps/divs/aasl/guidelinesandstandards/learningstandards/AASL_LearningStandards.pdf.

四个维度论述了如何调查、领导、总结、合作、发现、参与六个方面，培养做好全面准备的学习者、高效的图书管理员，以及建立充满活力的学校图书馆。新的标准秉持如下理念：学校图书馆是学习社会中的一个必要组成部分；有资格认证的学校图书馆员引导一个高效的学校图书馆；学习者需要做好进入大学、步入职场、面对生活的准备；阅读能力是个人以及学术能力的核心；知识自由是每个学习者的权利；信息技术必须有效整合和平等获取[①]。

美国学校图书馆服务标准与美国教育改革同步，密切反映教育的改革趋势。"1920 年标准"与"1925 年标准"的出台是为了适应美国公立学校改革对学校管理规范化的需要，以量化指标的方式对图书馆物质条件进行了规定。"1945 年标准"是为了解决二战后美国基础教育重建背景下学校图书馆的地位与发展问题。"1969 年标准"和"1975 年标准"体现了多媒体资源在学校教育中重要性的增加。"1988 年标准"和"1998 年标准"着重强调了信息社会环境下图书馆服务体系的建立和馆员作用的发挥。在知识经济和强调终身学习能力的时代背景下，"2007 年标准"突出了学校图书馆服务对学生学习能力和创新教育的支持。"2017 年标准"强调了学生、图书馆员与图书馆三者之间的合作，并将学生置于学习社会的核心。

此外，服务标准化推动了馆员专业化发展，使馆员职能和教育角色与时俱进。"1969 年标准"提出学校图书馆员应该向学校媒体专家发展，在"1988 年标准"中，学校媒体专家职能被集中描述为信息专家、教师和教学顾问。"1998 年标准"中，学校媒体专家又被赋予协作、领导与技术支持的职能，被视为图书馆规划成败的关键[②]。这些标准的制定和实施规范了学校图书馆的发展，同时从另一个侧面反映出美国学校图书馆服务发展的脉络。

（二）法律上的保障——推动美国中小学图书馆发展的两部教育法

1958 年颁布的《国防教育法》使联邦政府开始将中小学图书馆纳入联邦的财政预算中，1965 年通过的《初等与中等教育法》设立了一亿美元的中小学图书馆发展专项经费，两部教育法都不同程度地推动了美国中小学图书馆

① AASL Standards Framework for Learners［EB/OL］.［2018-09-06］. https://standards.aasl.org/project/crosswalks.

② 柴会明.美国学校图书馆服务标准化进程述评［J］.中国图书馆学报，2015，41（01）：112-123.

的发展。

1.《国防教育法》和《初等与中等教育法》

（1）《国防教育法》

《国防教育法》（National Defense Education Act of 1958，以下简称 NDEA）在美国教育发展史上被称为是美国教育的大宪章。其保障机制的一个突出特点就是通过大规模拨款予以保障，是联邦政府以空前的规模对高等教育、初等教育和职业教育予以的巨大资助，尤其重视对中学教育的扶持[①]。

NDEA 主要通过拨款来对中小学教育的发展进行支持。4 年间 NDEA 共投入 8.87 亿美元用于支持国防安全项目，主要是为国家培养科学家[②]。中小学图书馆作为学校的信息基地，在中小学教育中的地位逐渐受到重视，该法案第三部分主要是对教学资源和设备的经费保障，一定程度上促进了中小学图书馆的发展，这也是 NDEA 法案推动中小学图书馆发展的保障。

（2）《初等与中等教育法》

《初等与中等教育法》（Elementary and Secondary Education Act of 1965，以下简称 ESEA）是伴随约翰逊总统《大社会项目》（Great Society Program）[③]的出现而诞生的。该法案的主要目的是改善贫穷儿童受教育的问题，通过财政拨款支持公共教育的发展。该法案主要规定了联邦经费的使用问题，制定伊始就拨款 10 亿美元作为图书馆购买资料和开展活动的专项经费。

ESEA 法案主要规定了联邦政府的经费使用问题，《初等与中等教育法》的主要宗旨就是解决美国基础教育中的不公平问题，保障生活贫困的孩子一样能够得到受教育的权利。

---

① 胡光喜，陆华 . 中美两国《国防教育法》比较［J］. 比较教育研究，2007（203），04：9–12.

② National Defense Education Act of 1958［EB/OL］.［2018–09–04］. http：//www.enotes.com/1950–education–american–decades/national–defense–education–act.

③ 所谓"大社会"，依据 1964 年春天约翰逊总统在密歇根校园的宣讲，可以理解为"这个社会所有的人都富有和自由，贫穷和种族歧视将永远结束"。原文："In your time we have the opportunity to move not only toward the rich society and the powerful society，but upward to the Great Society. The Great Society rests on abundance and liberty for all. It demands an end to poverty，and racial injustice，to which we are totally committed in ourtime." What was the Great Society Program of Lyndon B. Johnson?［EB/OL］.［2018–09–15］. http：//www.answers.com/topic/what–was–the–great–society–program–of–lyndon–b–johnson.

2. 两部重要教育法推动美国中小学图书馆发展的原因

（1）教育法将对中小学图书馆发展经费的保障写入法规之中

《国防教育法》第三部分中提到了要加强中小学视听资料、设备和印刷性资料（除了教科书外）的建设，提供充足的满足科学、数学和外国语言学习的学习资料，这些都在一定程度上促进了中小学图书馆馆藏资源的发展。为了增加中小学图书馆的储存资料的空间和相关设备，四年间国会共投入 7000 万美元支持第三部分的发展，其中包括专业人员和管理层的工资。据 NCES2005 年的统计报告显示，第三部分的资金覆盖了 85% 的中小学学生，后来第三部分由过去的对科学、数学、外语学习资料的资助又延伸至历史、公民学、英语、阅读、经济和工艺等领域。1959–1964 年间，在第三部分的指导下，教育部的健康、教育和福利部门通过了 30 万个项目，共投资 56000 万美元。《初等与中等教育法》与中小学图书馆紧密相连的是第二部分（ESEA TitleII），这一部分法案第一次直接要求联邦经费用于图书馆资源及教科书的建设，联邦政府拨款 1 亿美元支持中小学图书馆的发展。两部教育法都将推动中小学图书馆发展的经费保障问题写入法律之中，这成为美国中小学图书馆获得持续发展的重要原因。

（2）教育法下基础教育项目的推动

美国教育法的实施总是伴随相关的教育项目的诞生，这些项目在推动美国中小学图书馆发展的历程上起着重要的作用。在中小学图书馆和发展的过程中最具影响的两个教育项目就是通过学校图书馆提高素质项目（Improving Literacy through School Libraries Program，简称 ILTSL）和优先阅读项目（Reading First Program，简称 RFP）。这两个项目都是 2001 年出台的《不让一个孩子掉队法》（《初等与中等教育法》的最新修订成果）①的产物，前者是在第 1 条款第 B 部分的第 4 分部分 1251 章的规定下生效的②，后者是在第 1 条款第 B 部分的第 1 分

---

① 《不让一个孩子掉队法》也被称为 PublicLaw107–110，意思是第 107 界国会通过的第 110 个公共法。

② Title I：Improving the academic achievement of the disadvantage. Part B：Student reading skills improvement grants. Subpart4：Improving Literacy Through School Libraries. Sec1251：Improving literacy through school libraries.［EB/OL］.［2018–09–04］. http：//www2.ed.gov/policy/elsec/leg/esea02/107–110.pdf.

部分的规定下生效的 ①。

ILTSL 项目的主要目的是通过为更多的孩子提供最新的图书、先进的图书馆媒体中心设备和专业的图书馆员，促进孩子阅读能力和学业成绩的提高。这个项目是继 1965 年初学校图书馆资源项目（Original School Library Resources Program）后第一个专门面向中小学图书馆的项目。资金主要用于购买最新的图书馆媒体资源，包括图书；更新紧跟课程用于提高学生信息素养、信息检索能力的技术；增加资源共享网络和专业的图书馆媒介人员；延长开馆时间，使孩子们能够在周末和暑假等时间自由使用 ②。自 2002 年以来，该项目共资助学校图书馆 1 亿美元，平均每年有 83 项补助金，从 2 万到 35 万美元不等 ③。这个项目极大地推动了中小学图书馆的发展，所有受到此项资金资助的图书馆都给这个项目以很高的评价 ④。

RFP 项目主要针对的是学龄前到三年级的儿童，属于早期阅读项目，是《不让一个孩子掉队法》的核心部分 ⑤。此项目的目的主要是为了提高孩子们的阅读水平，希望孩子们在教师和图书馆专业人员的指导下尽早爱上阅读，在三年级结束的时候自身的阅读能力能够达到或超过此年龄段的阅读要求。这个项目以课堂环

---

① Title I: Improving the academic achievement of the disadvantage. PartB: Student reading skills improvement grants. Subpart 1 Readingfirst. 这个条款下包含分条款为：Sec 1201，Purposes；Sec 1202，Formula grants to State educational agencies；Sec 1203 State formula grant applications；Sec 1204 Target assistance grants. Sec 1205，External evaluation；Sec 1206，National activities；Sec 1207 Information dissemination；Sec 1208 Definitions. [EB/OL]. [2018–09–04]. http://www2. ed.gov/policy/elsec/leg/esea02/107–110.pdf.

② Improving literacy through school libraries: evaluation report [EB/OL]. [2018–09–04]. http:// www.highbeam.com/doc/1G1–144602921.html.

③ Carol L. OneDistrict's experience with the Federal Grant: Improving Literacy through School Libraries [J]. CSLA Journal, fall2008, vol.32, Issiue1, p13–15, 3p.

④ Sljnews. School Libraries Benefit from Federal Grants Improving Literacy Through School Libraries helps disadvantaged libraries make headway [J]. School Library Journal, Jan2006, Vol.52, Issue1, p16–16, 1p.

⑤ US Department of Education Office of Elementary and Secondary Education, April 2002. Guidance for the Reading First Program [EB/OL]. [2018–09–04]. http://www2.ed.gov/programs/readingfirst/ guidance.doc.

境为中心，所有的活动都围绕五个要素开展：音韵觉识①、声学、词汇、流畅性和阅读理解②。为了使这个项目收到预期的效果，丰富孩子们的阅读资料是首要条件，学校图书馆因此获得了此项活动的部分捐款。项目捐款的额度视每州5~17岁孩子的数量而定，主要统计生活在贫困线以下的孩子的数量③。

3. 两部教育法对美国中小学图书馆的推动表现

（1）《国防教育法》对美国中小学图书馆发展的推动

《国防教育法》诞生在学校学生人数急剧增长的时期，因此很多地区在该法的规定下，将注意力集中在新学校的建立和教师的雇佣上，联邦政府共批了10亿美元用于法案的10个部分，主要目的就是促进青少年智力和技能的增长④。由于该法案没有直接将图书馆纳入自己的拨款范围，只在第三部分中强调了加强科学、数学和现代外语的建设，资金主要用于设备和书籍资料的购买，因此没有《初等与中等教育法》对中小学图书馆的推进那么明显。但《国防教育法》间接推动了图书馆的发展，主要表现为馆藏资源的丰富。刚开始经费主要用于购买数学、科学和外语学习的资料，1964年的修订案扩展了内容范围，将历史、公民学、地理、英语和阅读等学科包括了进来，同时增加了购买视听材料设备的资金。1970年为了更好地促进各项活动的开展，各个州还制定了资源和设备的最低采购标准。中小学图书馆的起步在20世纪50年代，这与NDEA法案的颁布密不可分，只不过条款中没有直接表明经费用于图书馆的发展。

（2）《初等与中等教育法》对美国中小学图书馆发展的推动

在法案颁布之前，几乎70%的公立小学没有图书馆，84%的学校图书馆缺少

---

① 音韵觉识（Phone Mic Awareness）是可以经由训练而培养起来的，有好的音韵觉识，即为字母拼读奠定良好的基础，同时也对口语语音的表达有所助益。

② Pendleton J. Winkle bleck，Kay Bishop. Reading First and the School Library Media Specialist［EB/OL］.［2018-09-04］. http://www.ala.org/ala/mgrps/divs/aasl/aaslpubsandjournals/knowledgequest/kqwebarchives/v33/3.

③ Reading First Program Description［EB/OL］.［2018-09-04］. http://www2.ed.gov/programs/readingfirst/index.html.

④ NCES. America's Public School Libraries：1953-2000［EB/OL］.［2010-02-22］. http://nces.ed.gov/pubs2005/2005324.pdf.

馆员对孩子选择图书的指导，每个孩子平均拥有的藏书量不足1册[1]。专项经费的支持使得美国中小学图书馆迅速发展起来。1968年的调研报告显示[2]，很多课程项目都是由这笔经费支持的，除了满足一般孩子的需要外，那些有特殊需要的儿童，如身体有残疾的儿童都获得了该经费的资助。在该项资金的支持下，图书馆的书籍资源更丰富，开馆时间延长，全职馆员的数量增加，由此带来的直接效应就是中小学图书馆的使用比率大幅上升。调查报告显示，拥有图书馆的中小学比例由过去的52%上升到了85%，人均拥有图书的数量也由资助前的2.6册/人上升到了4.8册/人[3]。超过80%的学生反映他们使用图书馆的频率大大超过以前，因为图书馆能够提供更多最新对课程学习有帮助的书籍。专项经费的主要目的是通过开展项目提高孩子们的学习成绩[4]。《初等与中等教育法》的专项经费第一次专门针对中小学图书馆，使图书馆能够用此项经费丰富自己的馆藏资源，改善馆内的环境和设备，提高馆员的素质。使得中小学图书馆在数量、馆藏资源种类、开馆时间和馆员素质等方面都取得了很大的进步，极大推动了美国中小学图书馆的发展。

三、美国中小学图书馆的社会价值——从对学生学业的影响来看

价值是生存和发展的基础，寻找对教育发展的贡献点是美国学校图书馆获取资助、对外证明自身社会价值的最优方式。美国自20世纪60年代左右，就已经有研究很好地证明了中小学图书馆项目（School Library Media Programs，即图书馆的馆藏、设备、人员等状况）同学生考试成绩之间的关系。20世纪90年代，特别是2000年以后，相关研究热度达到顶峰，不仅研究数量大大增多，而且研究地域范围和研究内容也不断充实。

---

[1] Elementary and Secondary Education Act of 1965，backgroundmaterialwithrelatedpresidentialrecommendations［EB/OL］.［2010–03–10］. http://www.eric.ed.gov/ERICDocs/data/ericdocs2sql/content_storage_01/0000019b/80/33/da/c5.pdf.

[2] 1968年的调研报告的四个问题：1.法规的目的是否实现；2.项目是否影响了法规的目标；3.法规实现的可能性；4.法规是否需要修正。共有1291所小学和705所中学接受了调查。回收率：小学的回收率为90.7%，中学的回收率为87.7%。

[3] 这个数据主要采取的是调查样本中克利夫兰、布法罗、洛杉矶等城市，不是美国的总体情况。

[4] Margaret.H.The Elementary and Secondary Education Act，Title II［EB/OL］.［2010–03–30］. https://www.ideals.illinois.edu/bitstream/handle/2142/6835/librarytrendsv24i1e_opt.pdf?sequence=1%5d.

2000 年以来，美国以科罗拉多州为代表的十几个州相继开展了学校图书馆影响力调查，各个州的研究结果是一致的：学校的总体学业水平与学校图书馆的质量紧紧相连。伊利诺伊州 2005 年的调查得出了四个结论：1. 图书馆员越齐备的学校，学生的考试成绩普遍越高；2. 图书馆配备有电脑、电子书目和数据库的中学，学生的标准高考成绩比其他学校高出 6.2%；3. 使用图书馆越频繁的学生，阅读和写作成绩越有进步；4. 图书馆馆藏越丰富、购置新书越及时的学校，学生的阅读、写作和标准考试成绩越高[①]。

这个问题之所以能够持续吸引研究兴趣，是因为对中小学图书馆的投资力度较大，大力度的投入显然需要建立在正当性基础之上。因此，中小学图书馆的研究者及管理者需要不断证明，无论教育的社会环境、技术环境、人口构成等因素发生怎样的变化，专业化图书馆服务始终对学生能力的培养产生显著贡献[②]。通过对学生学业成绩影响的调查，可以看出中小学图书馆与学校整体教育水平之间的重要关系，正是两者之间的密切关系，使得政府更加注重中小学图书馆的发展。中小学图书馆用事实证明了自身存在的价值，获取了社会认可和政府支持。

第三节 比较与思考

一、中、日、美三国中小学图书馆的比较

（一）相同点

中、日、美三国的中小学图书馆存在着很多相同之处：第一，就图书馆与其母体的关系而言，图书馆都是学校教育的重要组成部分，是学校的基础设施之一，是学校开展信息素养教育的重要场所，是学校信息管理的重地；第二，学校图书馆运行所必备的基本构成要素是相同的，馆藏、馆员、服务、馆舍、设施设备等

---

① 储何婷，张茵. 图书馆信息学［M］. 北京：中国人民大学出版社，2007：160.
② 于斌斌. 国外中小学图书馆对学生学业表现的影响研究综述［J］. 中国图书馆学报,2013,39（05）：98–108.

元素缺一不可。既要有资源、设施设备、空间等硬件资源，也要有人员、服务等软件资源，两者相互配合，缺一不可；第三，在服务目标上具有一致性，阅读能力的培养和阅读推广的开展是中小学图书馆的重要服务内容之一。图书馆的所有资源、服务、活动都围绕阅读开展，目标是学生阅读能力的提升；第四，它们的发展经历相似，均经历了从单纯的藏书借阅场所向学习中心、媒体中心、信息基地的转变，信息技术不断融入图书馆的各个方面，甚至自身的管理与建设中。图书馆角色的转变既是技术进步发展的必然要求，也是自身发展的必然结果；第五，三个国家的图书馆都积极地寻求外界的支援与帮助，为了获取更好的发展，积极寻求与公共图书馆、高校图书馆的合作，尝试多种合作方式。通过合作，充分发挥各自的优势，取长补短，最大限度地满足服务对象的需求；第六，不断完善图书馆的各个构成要素，成立中小学图书馆协会（学会），开展中小学图书馆的理论研究与学术交流，为中小学图书馆事业的发展提供支持和帮助，培养图书馆员，维护中小学图书馆的基本利益，促进中小学图书馆的发展，只有各个要素均衡发展，图书馆的整体事业才能不断进步。

（二）不同点

尽管中、日、美三国的中小学图书馆存在很多共同之处，但不可否认，受经济发展水平和服务理念的影响，我国的中小学图书馆发展水平与日、美两国存在着不小的差距：

差距之一表现为图书馆在其母体中的地位和发挥的作用上。虽然图书馆都是学校教育的重要组成部分与必不可少的基础设施，但发挥的作用却不可同日而语。日、美的中小学图书馆在学校教育中发挥着举足轻重的作用，扮演着学校信息资源中心、媒介中心和学习中心的重要角色，成为教师教学、学生学习过程中一个非常重要的资源。相比而言，我国的中小学图书馆则更多是作为学校的辅助机构而存在，苦于学校应试教育带来的各种压力，图书馆常常让位于正常的教学工作，仅仅是作为一种必备的硬件设施而存在，没有在教学的各项工作中发挥自己的作用，没有得到校领导的充分重视，大部分时间处在一种半关闭的状态。

差距之二表现为图书馆员发挥的作用及程度相差较大。日、美两国的图书馆员不仅参与课程教学计划的讨论中，而且承担起阅读、信息素养等课程的教授工作，扮演着信息专家、教师和教学顾问三种角色。我国的中小学图书馆员由于儿童图书馆学教育缺失，中小学图书馆员的资格认证不规范，大多数中小学图书馆没有专职馆员，多数由教师兼任，因此常常处于无人管理状态。由于缺乏系统、专业的训练，馆员不具备图书馆学的专业知识，即便是图书馆学专业毕业的馆员，由于没有经受过中小学图书馆学教育的专门训练，缺少对自身服务对象和内容的准确、科学的认识，仅凭日常工作中积累的经验维护图书馆的日常运转，不够科学、规范，更不用说去积极、主动挖掘自身的潜能。馆员的素质直接影响到馆藏质量与服务质量，导致图书馆在教师与学生中的印象相距甚远。在日、美的学校图书馆中，馆藏资源都是经过严格筛选，按照教学与课外阅读的需求订购，且根据学生数量科学预测图书数量。服务内容紧贴教学与素质教育需求，除了基本的借阅功能外，图书馆的各项功能得到充分发挥。相比而言，我国由于专业教育的缺失导致缺乏专业化的学校图书馆员，没能充分发挥馆员在中小学图书馆服务中的主观能动性。我国中小学图书馆的馆藏书籍内容陈旧，不符合当今素质教育的要求，学生鲜有问津，资源得不到充分利用。多数学校图书馆在校内的宣传力度不够，以致大部分学生对图书馆的作用仅仅停留在看书学习上，对图书馆的其他功能（如信息素养、数字素养、阅读辅导、信息检索等服务）认知很少，学生不愿前往学校图书馆学习，使得学校图书馆不能充分发挥自己的实际效用，这种情况在小学中表现尤其明显。

差距之三表现为制度的约束与规范领域。日、美两国中小学图书馆事业的发达与两国中小学图书馆法律法规及服务标准的完备、连续是密不可分的，法律文件中对馆员、馆藏、服务、设施设备等方方面面都进行了规范和指导。随着外界环境的变化，制度与规范不断修订与完善，使得图书馆紧跟时代发展，紧扣教育事业发展的脉搏，成为学校的重要机构之一。我国对于中小学图书馆的规范制度出现的较晚，虽然先后颁布了《中小学图书馆（室）规程（修订）》（2003 年）《关于加强新时期中小学图书馆建设与应用工作的意见》（2015 年）等政策文件来规范中小学图书馆的发展，却不成体系，连续性也不足；虽然文件中也涉及馆员、馆藏、服务、设施设备等方面，但部分条款缺少定性表述或量化指标，使得其可操作性较差，影响到法规文本的效用水平 。目前，我国中小学图书馆法律规范的制定处于发展的初期阶段，需要借鉴日、美等国家的成熟经验，不断完善，将其修订、完善的工作持续、系统地做下去。

二、日、美两国中小学图书馆的发展带给我们的思考

（一）制定完善的中小学图书馆法律、政策与服务标准体系

日、美两国都非常重视中小学图书馆法律法规的制定，以此来规范和指导中小学图书馆的发展。日本除了《学校图书馆法》及其配套法规——《司书教谕讲习规程》《学校图书馆标准》《学校图书馆充实补助制度》外，还颁布了《关于推进儿童读书活动的基本计划》和《文字及活字文化振兴法》两部相关法律，分别从图书配置、馆藏、人员、设施设备等方面进行了规定，以此来保障中小学图书馆各项活动的顺利开展。除此之外，日本中央政府利用地方交付税来保证中小学图书馆的图书资料、信息化和学校司书的财政支出[1]。

美国的各级政府都非常重视中小学图书馆的建设，在国家层面上有联邦的图书馆法、中小学教育法案，各地方政府有各州的学校图书馆法，还连续出台了10部中小学图书馆服务标准。此外，美国对各类中小学图书馆从业人员均有较为严格的要求，规定图书馆员必须是媒体专家，能有效地向学生和教职员工提供情报资源。这些法律法规保证了中小学图书馆的地位和经费，保证了中小学图书馆的质量。在美国，中小学图书馆员通常需要具备图书馆员和教师双重资格认证。图书馆员的专业知识使得他们在学校教育中发挥了重要作用，从而树立了良好的形象，受到人们的普遍尊重，而这反过来又吸引了大量优秀人才投身图书馆事业，从而带来了中小学图书馆的良性发展[2]。

我国缺少专门的中小学图书馆法，也没有制定相关的标准，与之密切相关的政策文件就是《中小学图书馆（室）规程》与《关于加强新时期中小学图书馆建设与应用工作的意见》。通过对日、美两国中小学图书馆发展历史的梳理，可以发现在中小学图书馆发展过程中，政策法规与标准规范的重要推动作用。因此，要发展和规范我国中小学图书馆，必须制定相配套的法律法规，出台相关的标准，

---

① 曹磊.日本中小学图书馆发展因素探析［J］.国家图书馆学刊，2015，24（03）：65–71.

② 周婉萍.从中美学校图书馆看两国教育发展差异［J］.中小学图书情报世界，2009（12）：56–61.

从图书馆服务开展的各项基本因素——馆员、馆藏、设施、设备、空间、服务等方方面面进行规范。

（二）做好中小学图书馆的价值评估

图书馆自身是一个不断发展的有机体，它的发展需要持续不断的投入，这种投入包括聘用各个级别的馆员、购置多种格式的馆藏资源、配备计算机、打印机等硬件设备以及进行图书馆的信息化建设（如购买商用数据库）等。美国的中小学图书馆影响研究大致始于 20 世纪 60 年代并延续至今，主要考察中小学图书馆对学生学业表现（考试成绩与综合能力）的影响，通过实际的数字和效果来证明中小学图书馆在中小学教育中的重要地位，从而作为获取联邦和地方政府投入的依据。这种通过实施效果来评估自身价值的方法科学、真实，而且具有很强的说服力。

相比而言，我国更多采用检查和考核的方式来考察中小学图书馆价值，没有对其实际产生的效果进行调研和研究，缺乏科学、可靠的数据支持。对于中小学图书馆价值的评定，是以是否达到图书馆评估指南的要求为准。这种检验图书馆存在价值的方式，使得很多中小学图书馆为了达标而采取各种应对措施，如突击式购买大量复本或教科书，配备了电子阅览室但服务却没有到位，使其成为摆满了电脑的计算机房。中小学图书馆为了完成检查而疲于应对，没有切切实实从师生角度出发，也没有实实在在地在教与学的过程中发挥应有的作用。我国多数中小学图书馆不能获得师生的认同，更多沦为形同虚设的机构，就是这个原因。为了改变目前中小学图书馆的状况，必须引进这种图书馆自我价值的评估机制，以学生成绩和综合能力的提升为标准来衡量中小学图书馆的贡献，证明其在学校教育中发挥的重要作用，从而作为获取发展所需资金的依据，以期受到国家、学校及广大师生的重视。

（三）倡导中小学图书馆与其他机构的多元合作

美国、日本的中小学图书馆都非常重视与外界的合作交流，较早地开展了各种形式的馆际合作。在日本，中小学图书馆与公立图书馆、公民图书馆、大学图书馆等建立起了相互协作的伙伴关系，实行资源共享、图书资料馆际互借，这些做法大大地推动了中小学图书馆建设向前发展。据日本文部科学省的调查，2012

年日本中小学校与公共图书馆开展合作的比例达到 63.7%，占到日本中小学校的半数以上[①]。日本中小学图书馆与其他类型图书馆特别是公共图书馆的合作，是有法规、政策和体制的要求和保障的，在出台的《学校图书馆法》和《关于推进儿童读书活动的基本计划》中都对中小学图书馆与其他类型图书馆之间开展合作提出了要求。

在美国，公共图书馆和中小学图书馆作为未成年人服务的两大支柱，有着良好的合作关系。美国中小学图书馆的雏形——学区图书馆就是公共图书馆与学校图书馆联合的产物，至今美国仍存在着公共图书馆与中小学图书馆联合办馆的情况。为了促进公共图书馆和中小学图书馆的合作，给未成年人提供学习成长的机会，2015 年美国推出了数字图书馆建设项目，通过实际行动，从国家层面推动公共图书馆和中小学图书馆之间的合作。美国公共图书馆与中小学图书馆的合作之所以能够顺利地开展，是因为有相关的促进机制来保障：在政府层面有国家、州、郡等配套成体系的相关政策、规定或指南；在组织机构层面有行业协会的协调与促进；在基层有其他组织机构与个人力量的介入。可以说美国政府及社会对公共图书馆与学校图书馆的合作，在事实上形成了多层级多角度的合作促进机制。

我国的公共图书馆与学校图书馆一直以来都有一定程度的合作，例如，资源的共建共享、不定期的业务指导以及阅读活动的合作协助等。伴随公共图书馆服务体系的构建，尤其是总分馆建设的不断发展，涌现出公共图书馆与学校图书馆联合办馆的模式。在南方经济发达地区已经开始摸索与实践，佛山市禅城区图书馆与张槎中心小学、苏州图书馆与胥江实验中学就是典型代表。我国近几年颁布的中小学图书馆相关政策与文件——《关于加强新时期中小学图书馆建设与应用工作的意见》（2015 年）、《中小学图书馆（室）规程》（2018 年）中都鼓励中小学图书馆与本地公共图书馆特别是少年儿童图书馆、高等学校图书馆之间开展合作。但现实并不乐观，中小学图书馆出于自身安全的考虑，并没有把自己的大门打开，导致多数图书馆处于封闭办馆的状态。不要说与系统外的图书馆开展合作，就是与系统内的图书馆沟通都很少。在公共图书馆总分馆建设的推动下，中小学

---

① 曹磊.日本中小学图书馆发展因素探析［J］.国家图书馆学刊，2015，24（03）：65–71.

图书馆尝试与公共图书馆深入合作、联合办馆，但与高校图书馆、社区图书馆等其他机构的合作却迟迟没有发展起来。日、美两国的实践证明，中小学图书馆要获得充分发展，必须走多元化的合作道路，唯有如此，才能取人之长，补己之短。我国中小学图书馆要吸取日、美两国的经验，不断敞开自己的大门，积极与公共图书馆、高校图书馆、社区图书馆等机构合作，走多元合作的发展道路。

附 录

国际图联／联合国教科文组织中小学图书馆宣言

（联合国教科文组织一般委员会 1999 年 11 月批准）

中小学图书馆提供信息和理念，这些信息和理念，对于在今天这个建立在信息和知识基础上的社会中取得成功，是十分必要的。中小学图书馆使学生具有终身学习的技能，发展其想象能力，使之能够作为一个有责任感的公民生存于世。

一、中小学图书馆的任务

中小学图书馆为学校的全体成员提供学习服务、图书和信息资源，这些能使他们成为有批判精神的思想者和各种形式、媒介的信息的有效用户。中小学图书馆按照《联合国教科文组织公共图书馆宣言》的原则，同广大的图书馆和信息网络相联系。

图书馆工作人员提供图书和其他信息资源的使用，包括从虚构的到现实的，从印刷的到电子的，从本馆的到异地的。这些资料能够补充和丰富教科书、教学材料和方法。

事实证明，图书馆与教师共同合作，可以使学生们在识字、阅读、学习、解决问题、信息和交流技能方面达到更高的水平。

中小学图书馆的服务必须平等地向学校的全体成员提供，而不论其年龄、种族、性别、宗教、国籍、语言、职业和社会地位。应当对那些不能使用图书馆常规服务和资料的人提供特殊的服务。

获得服务和馆藏应当建立在《联合国人权和自由宣言》基础上，而不应当屈从于任何形式的意识形态、政治或宗教审查，或者商业压力。

二、经费法规和网络

中小学图书馆对于识字、教育、信息提供，以及经济、社会和文化发展的长期战略是必不可少的。作为本地、地区和国家权力机构的一项责任，必须以专门的法律和政策对其提供支持。中小学图书馆必须有充足和源源不断的经费用于馆员培训、资料、技术和装备。它们必须是免费的。

中小学图书馆是本地图书馆、地区图书馆、国家图书馆和信息网络的必不可少的伙伴。

当中小学图书馆与其他类型图书馆（如公共图书馆）共享设备与资源时，中小学图书馆独一无二的目标必须得到承认和维护。

三、中小学图书馆的目标

中小学图书馆是教育过程的组成部分。

下面所列举的对于发展识字、信息能力、教学、学习和文化是必不可少的，是中小学图书馆服务的核心。

• 支持和增强由学校的任务和课程体现出来的教育目标；

• 发展和支持孩子们阅读、求知和终身利用图书馆的习惯和爱好；

• 为在知识、理解、想象、娱乐方面创造和利用信息积累经验提供机会；

• 向所有学生提供评估和利用各种形式、形态、媒介的信息的知识和实践技能，并且使他们即时了解社会成员间各种交流模式；

• 提供获取本地、地区、国家和全球资源的途径，使学习者有接触各种各样的观念、经验和意见的机会；

• 组织可促进文化和社会意识与敏感性的活动；

• 与学生、教师、管理者和家长一起努力，完成学校的任务；

• 提倡知识自由和信息的获取，对于有效地、负责地行使公民权，以及参与民主是必不可少的；

• 在整个学校及更大的范围内，促进阅读、信息资源和中小学图书馆的服务。

中小学图书馆通过发展政策和服务，选择和获得信息资源，提供物质的智力的手段以获得适当的信息源，提供教学设备，雇用训练有素的馆员，完成上述任务。

四、馆员

中小学图书馆员应当是有专业资格的工作人员，他们负责中小学图书馆的计划和管理，他们应有尽可能充足的工作人员的支持，与整个学校的其他成员共同工作，与公共图书馆和其他机构建立联系。

中小学图书馆员的角色，在国家法律和财政框架内，应根据学校的预算、课程和教学方法变化。在各个专业领域内，都有普遍的知识领域，如果中小学图书馆员开发和提供有效的中小学图书馆服务：信息资源、图书馆、信息管理和教学，这些知识将会是生动活泼的。

在一个发展的网络环境中，中小学图书馆员必须能胜任面对师生的不同的信息处理技巧的计划和教学，因此他们必须不断地进行职业训练和提高自身。

五、运作与管理

为了确保有效的和明晰的运作：

• 中小学图书馆服务方针必须根据与学校课程相关的确定的目标、优先考虑的事项和服务提出；

• 中小学图书馆必须依据专业标准组织和维持；

• 服务必须面向全体学校成员，并在本地社区内运作；

• 必须鼓励同教师、资深学校管理人员、行政人员、家长、其他图书馆员和信息人员、社会团体的协作。

六、贯彻宣言

应力促政府——通过其负责教育的官员——发展战略、政策和计划，以贯彻本宣言的原则。计划应包括对宣言传播的承诺和图书馆员及教师的继续培训计划。

（日本）学校图书馆法

〔1953 年（昭和 28 年）8 月 8 日　法律第 185 号〕

〔最新修订：2007 年（平成 19 年）6 月 27 日　法律第 96 号〕

（本法律的目的）

第一条　鉴于学校图书馆是学校教育中不可缺少的基础设备，本法律以谋求其健全和发展，并充实学校教育为目的。

（定义）

第二条　本法律中的"学校图书馆"，是指在小学（包括盲校、聋哑学校、保育学校的小学部）、初中（中等教育学校的前期课程及盲校、聋哑学校、保育学校的初中部）以及高中（包括中等教育学校的后期课程及盲校、聋哑学校、保育学校的高中部）（以下简称"学校"）里收集、整理及保存图书、视听教育资料及其他学校教育必须的资料（以下简称"图书馆资料"），并通过将其提供给儿童、学生以及教师利用，为学校的课程教育提供帮助，以全面提高儿童、学生的素质为目的而设置的学校设备。

（设置义务）

第三条　在学校中，必须设置学校图书馆。

（学校图书馆的管理）

第四条　一、学校大致通过以下方式将学校图书馆提供给儿童、学生以及教师使用：

1. 收集图书馆资料，以供儿童、学生以及教师利用。

2. 将图书馆资料进行恰当的分类排列，并编制完备的资料目录。

3. 举办读书会、研究会、鉴赏会、放映会、资料展示会等活动。

4. 就有关图书馆资料的利用及学校图书馆的其他用途等，对儿童、学生进行指导。

5. 与其他学校的图书馆以及社会性的图书馆、博物馆、公民馆等机构密切联系，相互合作。

二、学校图书馆在不影响上述任务完成的前提下，可以面向一般公众提供服务。

（司书教谕）

第五条 一、在学校，为了负责学校图书馆的专门事务，必须设置司书教谕。

二、前项中的司书教谕由骨干教谕（负责保健或营养的指导及管理的骨干教谕除外）、指导教谕或者教谕（以下简称"骨干教谕"等）担任，并且该骨干教谕必须是已修完司书教谕课程者。

三、前项规定的司书教谕的培训，应是大学及其他教育机构受文部科学大臣委托而举办的。

四、除前项规定的条款外，有关司书教谕的培训，应修完的科目、学分及其他必要事项，由文部科学省的法令规定。

（设置者的任务）

第六条 为了充分实现本法律的目标，学校的设置者必须努力发展、充实学校图书馆。

（国家的任务）

第七条 为装备并充实学校图书馆，国家必须努力实施下述各项措施：

一、制定关于学校图书馆发展、充实及司书教谕培养的综合性计划。

二、就有关学校图书馆的设置及管理，提出专业性、技术性的指导与建议。

三、实施上述2项以外的发展、充实学校图书馆的必要措施。

附则

（略）

教育部 文化部 国家新闻出版广电总局关于加强新时期中小学图书馆建设与应用工作的意见

教基一〔2015〕2号

各省、自治区、直辖市教育厅（教委）、文化厅（局）、新闻出版广电局，新疆生产建设兵团教育局、文化广播电视局、新闻出版局，教育部直属各高等学校：

为贯彻党中央关于深化教育领域综合改革精神，指导中小学校全面贯彻教育方针、实施素质教育，提升学校内涵与品质，形成书香校园，带动全民阅读，助推学习型社会和书香社会建设，现就加强新时期中小学图书馆（含图书室，下同）建设与应用工作，提出如下意见。

一、总体要求

（一）重要意义。中小学图书馆作为服务教育教学、教育科学研究的重要办学条件，是基本实现教育现代化的重要体现，是均衡合理配置教育资源的重要内容，是广大学生、教师获取信息资源不可或缺的重要途径，是落实立德树人根本任务、全面深化课程改革的重要阵地，对于保障教学、服务教学、改善教学，提高学生自主学习能力和终身学习能力，促进教师专业成长和学生全面发展具有重要作用。中小学图书馆作为国家图书馆服务体系的重要组成，对于服务学习型社会和书香社会建设，完善公共文化服务体系，丰富群众精神文化生活具有深远意义。

近年来，国家先后实施一系列基础教育重大建设工程，全面提高了中小学图书馆保障水平。但认识不足、摆位不当，区域、城乡、学校之间建设水平不均衡，管理服务水平不高，与教育教学融合不够，信息化基础薄弱，专业化队伍匮乏等问题仍然存在，直接影响中小学图书馆育人功能和综合效益的发挥。

面对全面深化教育综合改革的新形势，加快推进治理现代化的新部署，深入推进义务教育均衡发展的新要求，落实立德树人深化课程改革的新任务，倡导全民阅读建设书香社会的新氛围，必须深刻认识加强中小学图书馆建设与应用工作的重要意义，切实增强责任感、使命感和紧迫感，全面落实责任，明确目标任务，切实加大力度，不断完善措施，将中小学图书馆建设与应用工作提高到新水平。

（二）工作目标。到 2018 年，结合全面改善贫困地区义务教育薄弱学校基本办学条件、中西部农村初中校舍改造工程等重大项目实施，有条件地区要按照学校建设标准补充新建图书馆，改善不达标图书馆，不具备条件的农村中小学、教学点要建有图书柜、图书角。到 2020 年，绝大部分中小学要按照国家规定标准建有图书馆。

基本建成与深化课程改革、实施素质教育相适应的现代化中小学图书馆建设、管理和服务体系。使图书馆与教育教学全面深度融合，成为学校信息资源高地和师生智慧中心、成长中心、活动中心。基本形成中小学图书馆与公共图书馆、高等学校图书馆馆藏资源共享格局，带动全民阅读，助推公共文化服务体系、学习型社会和书香社会建设。

二、重点任务

（三）推进基础条件建设。各地要落实要求，将图书馆纳入中小学建设规划，对中小学图书馆的功能定位、馆舍面积、配套设施、馆藏保障、资源利用、队伍建设、管理应用等方面做出合理安排。加快推进中小学图书馆建设。逐步将图书馆建设为设施齐全、功能完备、运转顺畅、服务便捷、使用高效的育人阵地和重要课堂。鼓励有条件的学校利用图书、报刊布置走廊、教室等边角空间，倡导学生自主管理、诚信取阅，形成学校在"图书馆"中的良好氛围，使师生阅读方式广泛多样、阅读选择丰富多元。

（四）确保馆藏资源质量。教育、文化和新闻出版部门要积极创造条件组织专家学者、文化工作者和出版发行单位，为中小学生创作更多富有教育性、启发性，符合年龄特点、品种丰富的优质出版物。各地要结合实际合理确定中小学图书馆藏书复本量标准及馆藏定向补充和剔旧原则。要制定增剔工作计划，严格操作，确保剔旧后每年至少生均新增一本纸质图书，确保实现生均纸质图书册数达标。妥善存续具有收藏保存价值的图书，基础藏书配备目录内的藏书，一般不进行剔旧。进一步整合实体和虚拟资源，形成相互补充、多元统一的馆藏资源体系。改善图书馆馆藏结构，探索建立学生、教师读书反馈和评议推荐制度，遴选学生和教师心目中的好书。各地中小学要重视对校本资源、特色资源的收集、整理、加工、保存和应用。

（五）规范馆藏采购机制。各级教育、文化和新闻出版部门要建立协作机制，完善中小学图书馆馆藏资源招标采购办法及实施细则。逐步健全师生、家长和专家学者等多方参与的采购机制，充分发挥全社会民主监督作用，共同把好中小学图书馆馆藏采购质量关。明确馆藏采购责任主体，将教育部指导编制的《全国中小学图书馆（室）推荐书目》作为中小学图书馆馆藏采购的主要参考依据。新闻出版部门要会同教育部门加强监管，严格审查参与中小学图书馆馆藏招标采购单位资质，共同加大验收检查力度，严禁盗版图书等非法出版物及不适合中小学生阅读、价格虚高的图书、音像制品和电子出版物进入中小学图书馆，发现一起、查处一起。对有令不行、有禁不止、违法情节严重的出版发行单位，新闻出版部门要依法依规严肃查处。

（六）不断提高信息化水平。各地要将中小学图书馆信息化建设纳入区域和中小学信息化建设整体规划，创造条件积极推进中小学数字图书馆及配套阅览条件建设。要充分发挥教育主干网、城域网、校园网的作用，以县级网络中心为依托推进数字图书馆和信息资源中心建设，辐射县域内学校。逐步建立起县级、地市级、省级中小学数字图书馆网络体系，为中小学图书馆、公共图书馆馆际数字资源共享搭建教育资源公共服务平台。县级以上数字图书资源中心要能够满足区域学校教育教学和广大师生电子阅读需求，确保师生便捷获取数字图书和电子期刊等数字资源。要逐步实现中小学图书馆管理信息化和服务形式网络化，探索动态实现区域内中小学图书馆纸质图书、报刊的联合采编、公共检索、馆际互借等功能。

（七）充分发挥育人作用。中小学图书馆每周开放时间原则上不少于40小时，确保每天课余时间、周末和寒暑假期间对师生有效开放，鼓励适当延长并向社会开放。要围绕深化课程改革目标任务，推进图书馆与学科教学有效结合、深度融合，将图书馆作为课程资源进行整合形成教学资源。提升学科教师对图书馆的认识，倡导学科教师自觉利用图书馆改善教育教学，开展教育科研活动，推出一批优秀教学案例和先进教师典型。创新图书借阅方式，简化图书借阅管理，将馆藏资源推送到楼层、课堂，促进师生便捷、有效阅读。要利用一定课时，培养学生搜集、整理、分析和选择信息资源的能力，提高学生信息素养。拓展图书馆使用功能，利用图书馆举办学术讲座，展示师生作品，开展教研、学习交流活动。积极组织开展书香校园创建活动，结合校园文化，开展经常性主题读书活动，传播社会主义核心价值观，培养学生阅读兴趣、阅读习惯等有效阅读能力，发挥好引领、辐射和带动作用。组织力量积极开展针对中小学图书馆的理论与实践研究，加强科研引领。

（八）带动书香社会建设。在每年 4 月 23 日"世界读书日"和 9 月 9 日"国家图书馆日"积极开展形式多样、丰富多彩的中小学生读书专题活动。提倡小学生每天课外阅读半小时、中学生每天课外阅读 1 小时。丰富学生课后生活，特别要为家庭贫困学生、寄宿制学校学生、农村留守儿童提供便利读书条件。鼓励中小学图书馆设立家长定期开放日，提倡学生和家长共同读书、读同一本书，营造良好阅读氛围。中小学图书馆与本地公共图书馆特别是少年儿童图书馆、高等学校图书馆要积极开展合作，推进资源共享，探索实现通借通还。中小学图书馆要主动探索向社区、社会开放，提高馆藏资源利用率。农村中小学图书馆要发挥辐射作用，采取有效措施服务农民精神文化需求。

三、保障措施

（九）落实经费保障。各地教育部门要在每年教育经费预算中安排中小学图书等馆藏资源购置经费，并向农村学校和薄弱学校倾斜。要结合学校标准化建设工作，围绕中小学图书馆建设工作目标和主要任务，制定资金筹措计划。积极拓宽办馆渠道，鼓励企事业单位、社会团体和公民个人以各种方式支持中小学图书馆建设，规范捐赠程序，明确责任与义务，确保捐赠馆藏和援建工程质量。

（十）强化队伍建设。逐步建成由专（兼）职人员、志愿者等组成的中小学图书馆管理人员队伍，有条件的地方或学校要配备专职管理人员。探索设立中小学图书馆图书资料系列专业技术岗位，其编制在本校教职工编制总数内合理确定，建立完善资格准入、岗位聘用和定期考核制度。不断提高图书馆专业人员比例。通过多种方式吸纳优秀人才进入中小学图书馆管理人员队伍。对从事图书馆工作的兼职教师进行图书馆业务培训，在职务（称）评聘、晋升、评优评先、待遇等方面，给予图书馆管理人员与教师同等机会。创新培训机制，建立分层分级培训体系，制定培训计划，提倡利用网络资源平台开展远程培训。鼓励各地充分利用高等院校图书馆及学术团体、行业组织专业优势，开展形式多样的中小学图书馆专（兼）职管理人员培训。加大高等学校培养中小学图书馆专门人才的力度。

（十一）纳入督导评估。教育督导部门要把图书馆建设与应用工作纳入依法治校，作为中小学校综合督导评估和义务教育均衡发展评估认定的重要内容，完善评估标准和实施细则，定期开展应用管理评估工作，并将评估结果纳入学校管理考核，督促和指导做好相关工作。加强中小学图书馆和相关出版领域的行业标准和业务规范的研制和执行工作，不断推进图书馆建设管理的制度化、规范化和专业化。

（十二）加强组织领导。各地教育、文化和新闻出版部门要将中小学图书馆建设与应用纳入教育和公共文化服务体系事业发展总体规划，有效运用项目实施、政策引导和经费支持等手段，加强对中小学图书馆建设的统筹协调和分类指导。发挥各级基础教育主管部门、教育装备部门在中小学图书馆建设、配备、管理、应用各个环节的作用。要结合本地实际，提出新时期推进中小学图书馆建设与应用工作的具体方案。省级工作方案应由教育、文化、新闻出版部门联合制订并推动落实。

教育部　文化部　国家新闻出版广电总局
2015 年 5 月 20 日

中小学图书馆（室）规程

第一章 总则

第一条 为加强中小学图书馆（室）（以下简称图书馆）规范化、科学化、现代化建设，落实立德树人根本任务，提升服务教育教学能力，特制定本规程。

第二条 本规程适用于公办、民办全日制普通中小学校的图书馆。

第三条 图书馆是中小学校的文献信息中心，是学校教育教学和教育科学研究的重要场所，是学校文化建设和课程资源建设的重要载体，是促进学生全面发展和推动教师专业成长的重要平台，是基础教育现代化的重要体现，也是社会主义公共文化服务体系的有机组成部分。

第四条 图书馆的主要任务是：贯彻党的教育方针，培育社会主义核心价值观，弘扬中华优秀传统文化，促进学生德智体美全面发展；建立健全学校文献信息和服务体系，协助教师开展教学教研活动，指导学生掌握检索与利用文献信息的知识与技能；组织学生阅读活动，培养学生的阅读兴趣和阅读习惯。

第二章 体制与机构

第五条 县级以上教育行政部门负责行政区域内图书馆的规划和管理，指导教育技术装备机构和学校做好图书馆的建设、配备、管理、应用、培训、评估等工作。

第六条 图书馆实行校长领导下的馆长负责制，由一名校级领导分管图书馆工作。有关图书馆工作的重大事项应当听取图书馆馆长意见，最终由校长办公会决定。

第七条 学校可根据需要设立阅读指导机构，指导和协调全校阅读活动的开展。

阅读指导机构由一名校领导担任负责人，成员由学校图书馆及相关职能部门负责人、教师和学生代表组成，鼓励家长代表参加。

阅读指导机构应当定期召开会议，制定学校阅读计划，组织阅读活动的实施，反映师生意见和要求，向学校提出改进阅读活动的建议。

第三章　图书配备与馆藏文献信息建设

第八条　学校应根据发展目标，以师生需求为导向，统筹纸质资源、数字资源和其他载体资源，制定图书配备与其他馆藏文献信息建设发展规划。

第九条　图书馆藏书包括适合中小学生阅读的各类图书和报刊、供师生使用的工具书、教学参考书、教育教学理论书籍和应用型的专业书籍。民族地区中小学应当根据教育教学需要配备相应民族语言文字的文献资源。接收残疾学生随班就读的学校应当配备适合特殊学生阅读的盲文图书、大字本图书和有声读物等。

第十条　图书馆藏书量不得低于《中小学图书馆（室）藏书量》（附表一）的规定标准。建立完善增新剔旧制度。图书馆每年生均新增（更新）纸质图书应当不少于一本。图书复本量应当根据实际需要合理确定。

第十一条　图书馆应当建立和完善馆藏资源采购、配备办法，定期公告资源更新目录，注重听取师生意见，建立意见反馈机制，不断提高资源质量和适宜性。定期开展清理审查，严禁盗版图书等非法出版物及不适合中小学生阅读的出版物进入图书馆。

第十二条　图书馆应当把《中小学图书馆（室）藏书分类比例表》（附表二）和教育部指导编制的《全国中小学图书馆（室）推荐书目》作为中小学图书馆馆藏建设的主要参考依据，合理配置纸质书刊。

第十三条　图书馆应当重视数字资源建设，依托区域数字图书馆和信息资源中心获取数字图书和电子期刊等。

地方教育行政部门要统筹推进区域数字图书馆和文献信息资源中心建设，促进优质数字资源共建共享。

第十四条　根据需要，图书馆可参与学校的校本资源开发和建设。

第四章　图书馆与文献信息管理

第十五条　图书馆应当建立健全各项规章制度，并确保执行。

第十六条　图书馆应当建立书刊总括登录和个别登录两种账目。

第十七条　各类型文献应当按照《中国图书馆分类法》进行分类。

第十八条　图书著录应当遵循《普通图书著录规则》；期刊著录应当遵循《连

续出版物著录规则》，计算机编目应当遵循《中文图书机读目录格式》。图书馆应当有明确的馆藏图书排架体系。

第十九条　图书馆应当对采集的文献信息进行科学分类编目，建立完善的书目检索系统，实现书名、著者、分类等多种途径的检索。

第二十条　图书馆应当以全开架借阅为主。以学校图书馆为中心，在确保安全的前提下，充分利用走廊、教室等空间，创新书刊借阅方式，优化借阅管理，创建泛在阅读环境。

第二十一条　图书馆应当纳入学校信息化建设整体规划，实行信息化、网络化管理。

第二十二条　图书馆应当建设文献信息管理和服务系统，建立数据长期保存机制，妥善保护师生个人信息、借阅信息及其他隐私信息，不得出售或以其他方式非法向他人提供，保障信息安全。

第二十三条　图书馆应当依据档案管理规范，制定科学管理流程，妥善保存档案资料。

第二十四条　图书馆应当建立完善的资产账目和管理制度。

第二十五条　图书馆应当如实填报各类统计数据，做好统计数据的分析和保存。

第五章　应用与服务

第二十六条　教学期间，图书馆每周开放时间原则上不少于 40 小时。鼓励课余时间、法定节假日和寒暑假期间对师生有效开放。

第二十七条　图书馆应当做好阅览、外借、宣传推荐服务工作；开设新生入馆教育、文献信息检索与利用、阅读指导课等，鼓励纳入教学计划；为教育教学和科研活动提供有效的文献信息支撑；创新各类资源使用方式，积极创建书香校园，组织形式多样的阅读活动，促进全民阅读工作；鼓励开展图书借阅数据分析，有针对性地改进学生阅读。

第二十八条　图书馆应当加强馆际交流，推动校际阅读活动、校本资源和特色资源的合作与共享。

第二十九条　图书馆应当积极与本地公共图书馆，特别是少年儿童图书馆、高等学校图书馆开展馆际合作，实现资源共享。

各地教育行政部门要重视和加强乡镇中心学校图书馆建设，辐射周边小规模学校。在确保校园安全的前提下，有条件的学校可以探索向家长、社区有序开放。

第三十条 鼓励有条件的图书馆开展纸质图书和数字图书资源的一体化编目和服务。

第六章 条件与保障

第三十一条 图书馆馆舍建设应当纳入学校建设总体规划。有条件的中小学校设立独立的图书馆舍。图书馆应当有采编、藏书、阅览、教学、读者活动等场所。

图书馆应当重视馆内环境的绿化美化，具备良好的通风、换气、采光、照明、防火、防潮、防虫、保洁、安全等条件。接受残疾生源的学校图书馆应当设置无障碍设施及相关标识。

第三十二条 图书馆应当配备书架、阅览桌椅、借阅台、报刊架、书柜、计算机等必要的设施设备，并有计划地配置文件柜、陈列柜、办公桌椅、借还机、打印机、扫描仪、电子阅读设备、复印设备、文献保护设施设备、装订、安全监测等相关设备。设施、设备应当符合学生年龄使用需要。

第三十三条 图书馆应当设专职管理人员并保持稳定性。图书馆管理人员编制在本校教职工编制总数内合理确定。

图书馆管理人员应当具备基本的图书馆专业知识与专业技能。中学图书馆管理人员应当具备大学本科以上文化程度，小学图书馆管理人员应当具备大学专科以上文化程度。

第三十四条 图书馆专业人员实行专业技术职务聘任制。图书馆管理人员专业技术职务聘任参照国家有关规定执行，有条件的地区和学校，可设立中小学图书馆图书资料系列专业技术岗位。图书馆管理人员在调资晋级或评奖时，与学科教师同等对待，并按国家相关规定享受相应的福利待遇。

第三十五条 图书馆管理人员应当定期参加教育行政部门或专业学术团体组织的专业培训，并纳入继续教育学分管理。支持图书馆管理人员参加专业学术团体。

第三十六条　各地教育行政部门和学校应当保障图书馆建设、配备、管理、应用、培训等所需经费，在经费预算和资金保障方面应当向农村学校和薄弱学校倾斜。

图书馆应当积极配合企事业单位、社会团体和公民个人以各种方式支持、参与图书馆建设，依法组织捐赠，确保质量。

第三十七条　地方各级教育行政部门应当建立健全出版物采购廉政风险防控机制，定期组织开展中小学图书馆藏书质量和管理服务的督导评估，推动提高馆藏文献信息质量和服务效能。图书馆建设与管理工作纳入学校和校长考核体系。

第七章　附则

第三十八条　特殊教育学校图书馆参照本规程执行。

第三十九条　本规程自 2018 年 6 月 1 日起施行，2003 年 5 月 1 日发布的《中小学图书馆（室）规程》同时废止。

附表一　中小学图书馆（室）藏书量

	完全中学	高级中学	初级中学	小学
人均藏书量（册）（按在校学生数）	40	45	35	25
报刊（种）	120	120	80	60
工具书、教学参考书（种）	250	250	180	120

附表二　中小学图书馆（室）藏书分类比例表

部类		分类比例	
五大部类	22 个基本部类	小学	中学
第一大类	A 马克思主义、列宁主义、毛泽东思想、邓小平理论	1.50%	2%
第二大类	B 哲学、宗教	1.50%	2%

续表

部类			分类比例	
第三大类	C 社会科学总论		64%	54%
	D 政治法律			
	E 军事			
	F 经济			
	G	文化、科学		
		教育		
		体育		
	H 语言、文字			
	I 文学			
	J 艺术			
	K 历史、地理			
第四大类	N 自然科学总论		28%	38%
	O 数理科学和化学			
	P 天文学、地球科学			
	Q 生物科学			
	R 医药、卫生			
	S 农业科学			
	T 工业技术			
	U 交通运输			
	V 航空、航天			
	X 环境科学、安全科学			
第五大类	Z 综合性图书		5%	4%

江苏省义务教育学校资源配置标准（试行）（节选）

九、图书馆装备标准（小学）

项目名称	小学				
	12班	18班	24班	30班	36班
阅览室座位/学生人数	1/20	1/20	1/20	1/20	1/20
电子阅览座位/学生人数	1/25	1/25	1/25	1/25	1/25
生均藏书量（册）	30	30	30	30	30
年生均新增图书（册）	1	1	1	1	1
年生均购书支出经费（元）	15	15	15	15	15
报刊种类≥（种）	60	70	80	80	90
工具书≥（种）	80	90	100	110	120
文艺类图书占馆藏总量≤（%）	50	50	50	50	50
科普类图书占馆藏总量≥（%）	30	30	30	30	30

注：1. 具有配套的候借厅、采编、资料和管理办公室，配备现代化的管理设备。

2. 提倡借阅一体化布局，师生阅览室均配置空调，有温馨的阅读环境。

3. 新建学校图书馆的馆藏文献可在 3 年内逐步达标。

十七、图书馆装备标准（初中）

项目名称	初中				
	12班	18班	24班	30班	36班
阅览室座位/学生人数	1/10	1/10	1/10	1/10	1/10
电子阅览座位/学生人数	1/25	1/25	1/25	1/25	1/25
生均藏书量（册）	40	40	40	40	40
年生均新增图书（册）	1	1	1	1	1
年生均购书支出经费（元）	24	24	24	24	24
报刊种类≥（种）	100	120	150	160	180
工具书≥（种）	180	180	180	180	180
文艺类图书占馆藏总量≤（%）	40	40	40	40	40
科普类图书占馆藏总量≥（%）	28	28	28	28	28

注：1. 具有配套的候借厅、采编、资料和管理办公室，配备现代化的管理设备。

2. 提倡借阅一体化布局，师生阅览室均配置空调，有温馨的阅读环境。

3. 新建学校图书馆的馆藏文献可在 3 年内逐步达标。

江苏省中小学教育技术装备标准——小学图书馆标准

一、图书馆建设

（一）图书馆通用要求

1. 馆藏文献

数量　　　　　轨数 项目	2 轨			4 轨			6 轨			8 轨		
	I类	II类	III类	I类	II类	III类	I类	II类	III类	I类	II类	III类
生均藏书量（册）	30	20	15	30	20	15	30	20	15	30	20	15
年生均新增图书（册/人）	1.5	1	0.5	1.5	1	0.5	1.5	1	0.5	1.5	1	0.5
年生均购书支出经费≥（元/人）	15	10	5	15	10	5	15	10	5	15	10	5
报刊种类≥（种）	60	40	20	80	50	30	90	60	40	100	70	50
工具书≥（种）	80	60	40	100	80	60	120	100	80	140	120	100
文艺类图书占馆藏总量（%）	≤ 50			≤ 50			≤ 50			≤ 50		
科普类图书占馆藏总量（%）	≥ 30			≥ 30			≥ 30			≥ 30		

说明：2 轨以下参照 2 轨，3~4 轨参照 4 轨，5~6 轨参照 6 轨，7~8 轨参照 8 轨。

（1）藏书量含电子图书，电子图书不应超过藏书总量的 20%（单篇文章、单幅图片不作册数计入），以县（市、区）为中心的共享资源中可供利用的文献信息资源也可纳入学校的馆藏资源总量，但同时还应有本校特色的数字资源。

（2）应注重文献资料的质量，收藏具有馆藏价值的、优秀出版社出版的图书，并做到品种丰富，复本适量。

（3）各类藏书结构比例应符合教育部《中小学图书馆（室）规程要求》。根据学校教育教学和服务对象需要，积极构建科学有效的馆藏体系，并应适合儿童心理特点，思想性、科学性、趣味性、启迪性强。

（4）新建学校图书馆的馆藏文献在三年内逐步达标。

（5）配有数字期刊或通过城域网集中订购数字期刊的学校可适量减少报刊的订阅种数。

2. 馆舍配备

数量 \ 轨数 \ 项目	2轨			4轨			6轨			8轨		
	Ⅰ类	Ⅱ类	Ⅲ类	Ⅰ类	Ⅱ类	Ⅲ类	Ⅰ类	Ⅱ类	Ⅲ类	Ⅰ类	Ⅱ类	Ⅲ类
馆（室）面积（m²）	150	120	100	230	200	160	340	300	240	420	350	300
藏书室（m²）	40	30	20	80	60	40	120	80	60	160	110	80
电子阅览座位/学生人数	1/25	1/35	1/50	1/25	1/35	1/50	1/25	1/35	1/50	1/25	1/35	1/50
电子阅览室最低座位数（个）	10	8	6	30	25	20	40	35	30	50	40	35
阅览室座位/学生人数	1/12	1/15	1/20	1/20	1/25	1/30	1/20	1/25	1/30	1/20	1/25	1/30
阅览室面积（m²）	70	50	40	80	60	50	120	100	80	160	130	110

说明：阅览室为师生共享借阅一体（内设报刊、工具书、图书等纸质和数字文资源，其中工具书入带锁柜单独存放），学生电子阅读的计算机数量不足时可在计算机教室进行。

（1）环境：各室自然采光及辅助照明，自然通风；室内环境噪声应低于 50 分贝；温度以人体舒适度为宜，应安装空调；应有消毒、防火、防尘、防高温、防盗及防潮、防霉、防晒、防虫蛀鼠咬等设施设备，符合消防相关要求，安全出口不少于 2 个，应方便疏散；创建整洁优美、轻松和谐、健康向上且符合小学生心理生理及视觉习惯的读书阅览环境。

（2）配置：应配备能满足本校全部书刊放置的书架、报刊架、书柜，书架和报刊架的高度应方便小学生使用；应配有足够的书立，还应有借阅台和足够数量的阅览桌椅，借阅台和阅览桌椅高矮适中；应配有办公、装订设备、管理用计算机 1~2 台，有条件的配备还应配备复印机、打印机等设备。室内装饰、阅览桌椅所选材料必须符合国家环保标准。

3. 人员配备

类型	Ⅰ类	Ⅱ类	Ⅲ类
数量	≥2人（至少专职1人）	≥2人（至少专职1人）	≥1人

（1）人员热爱图书馆工作，有较强的主动服务意识，乐于奉献，勇于创新，身体健康。

（2）具有图书馆专业知识，受过市级以上的专业培训，并持有上岗专业证书（合格证），并具有一定的计算机操作和网络使用技能。

（3）应具备大专及其以上学历，人员年轻化，并保持相对稳定。

（二）专用室要求

1. 藏书、外借处

（1）配置：应配有书架、书橱、空调、抽湿等设备，书架高度应适合小学生使用，书架数量要能够满足图书按《中图法》分类体系组织藏书的需求，书架之间的距离不得小于80公分，保持过道畅通；馆内还应配有办公桌椅、防霉驱虫剂、窗帘、温湿度计、消毒柜、书车、书梯、书立、灭火器等办公及安全设施。

（2）环境：书库东西向开窗时，应采取有效遮光措施；光照亮度不足时，宜采用乳白色灯罩的白炽灯辅助照明（如采用荧光灯，应配紫外线过滤装置）；如开架书库内设有阅览桌，应设局部照明。

（3）流通：文献流通实行计算机管理，包括文献检索、借阅、归还、读者借阅记录、图书流通排行榜、赔偿、注销、删除、借阅率统计、流通率统计等。

2. 阅览室

（1）配置：阅览区应配有书架、书橱、期刊架、报架、阅览桌椅、空调、装订设备等，设备数量要能够满足报刊陈列需求，阅览桌椅数量要能够符合座位设置要求；应配有办公桌椅、温湿度计、消毒柜、装订机等办公设施；资料要能够满足教师、学生的阅读需求，配备一定数量的工具书，要能够满足学生研究性学习和检索查询的需求。

（2）环境：窗地面积比应不小于1/5，室内光线充足柔和，应以天然采光为主，均匀、无眩光，阅览桌上防止阳光直射；自然光照不足采用人工辅助照明，照度为500~800lx，以避免扩散光产生的阴影；阅览区要适合教师、学生视觉生理和心理的需求；室内装饰、阅览桌椅所选材料必须符合国家环保标准；搞好室内绿化，改善室内空气质量；每桌使用面积不少于1.6平方米（1.8×0.9）。

（3）流通：文献资源的流通实行计算机管理，包括阅览登到、阅览统计、阅览跟踪、期刊检索、过刊检索、音像资料检索等。

3. 电子阅览室

（1）设计：具有良好的防雷、防静电设施，远离强电磁场和强腐蚀性的物体，接地电阻 ≤ 4Ω，接入楼体接地系统的接地电阻 ≤ 1Ω。湿度适宜，宜设在楼房的中、上层，不宜设在地下或顶层。

（2）座位：最低不少于 50 个座位，每座使用面积不少于 1.9 平方米，有管理制度，有供学生阅读的数字图书和资料，有固定的开放时间。

（3）环境：自然光及辅助照明，台面的平均照度不低于 200lx，书写黑、白板宜设局部照明，垂直的平均照度不低于 200lx，台面无阳光直射，宜安装窗帘，室内无眩光；室内环境噪声应低于 50 分贝；温度以不高于 30℃ 为宜，电子阅览室必须安装空调，温度适宜。

（4）设备配置

名称	规格与参考型号	单位	数量	备注
计算机	主流配置	台	根据需要	选一种方案
	按"一拖多"架构配置虚拟终端机	套	虚拟终端数根据需要	
空调	柜机，能够在环境温度为 35℃ 时使室内温度不高于 26℃，冷/热两用	台		根据面积自定
稳压器	高可靠性	台	1	在电网电压不稳定的地区配用

4. 采编室设备配置

设备名称	数量	单位	用途
电脑桌椅	1	套	
计算机	2	台	一台作为计算机管理服务器使用，一台作为采编数据录入使用
书柜	1	组	新书分编后，临时上架处
办公桌椅	1	组	新书核对、盖章、贴条码、书标等办公用
空调	1	台	调节温度、干湿度，改善空气质量
扫描仪	1	台	制作阅览证、借书证用
打印机	1	台	打印各种统计资料、证书、书标签用

说明：服务器可存放在学校信息中心。

5. 资料室设备配置

设备名称	数量	单位	用 途
计算机	1	台	检索、流通或文献资源录入时使用
电脑桌椅	1	套	
书架书柜	1	组	书架陈列报刊合订本，带锁书柜陈列工具书及珍藏书
阅览桌椅	6	套	
复印机	1	台	供师生复印所需资料

二、规范管理

1.加强领导：学校对图书馆有近期和长远发展规划，有检查、有评价、有总结，有学校领导分管，并在经费上予以保证；应根据管理需要设置合理的职称岗位，图书馆必须实行计算机管理。

2.健全制度：建立健全学校图书馆各项管理制度和岗位职责，如《管理人员岗位职责》《书刊的外借制度》《阅览规则》《图书遗失、污损赔偿制度》《音像资料使用规则》《图书、清点、剔旧和处理方法》《电子阅览室管理规定》《图书馆设备管理制度》等，对各种制度应严格执行。

3.账册设置：应有图书、音像资料的总括登记、个别登记、注销登记账册，其中总括登记册与注销登记册应为纸质（如将个别登记全部打印，会造成很大浪费）；应有期刊现刊登到账册、电子资源登记账册、借阅记录账册、书刊剔除与注销记录账册等。

4.分类编目加工组织：对图书、音像、期刊、合订本期刊等各类文献应及时验收、登记。按《中国图书馆分类法》（第五版）进行分类，按国家标准进行编目，技术加工；按《中国图书馆分类法》（第五版）组织排架、藏书标识清楚明了，方便读者使用；对内容过时或不健康、长期压架失去使用价值、破损严重无法修补、不符合本馆藏书范围、复本过多、套册不全的图书、期刊、音像资料和教材更换二次后的教学参考书、习题集的复本，予以剔除；应每一年对流通的图书、期刊和音像资料，每三年对全部图书、期刊和音像资料进行一次清点，对清点丢失和剔除的图书、期刊和音像资料，严格办理注销手续，保证账、册相符。

5.文献保护：对仍具有使用价值的破旧文献资料要及时修复，延长使用寿命；读者还回的书刊应先消毒再归架；注意防火，馆区内严禁使用电炉、火炉；做好防尘、防盗、防潮、防霉变、防晒、防虫蛀鼠咬、防止数据丢失等工作。

三、文献信息资源利用

1.开放时间：图书馆应实行全天开放、全开架借阅，满足不同层次、多样化需求；双休日、寒暑假应定期开放；生均学期到馆不少于10次。

2.借阅要求：I类图书馆（室）年生均借阅册数不少于16册（次），II类图书馆（室）年生均借阅册数不少于12册（次），III类图书室年生均借阅册数不少于8册（次）；实行借阅合一的，借阅册数应不低于相应类别要求的60%（包括阅读课）。

3.业务统计：读者统计、藏书利用率统计、读者借阅率统计、读者到馆率统计。

4.宣传推荐：积极运用剪报、图片、图书等开展宣传教育活动，按年级、按内容编制导读书目，引导学生读书；编制新书目录，介绍新书，宣传推荐好书。

5.读书活动：配合学校中心工作开展宣传教育活动；组织形式多样的兴趣活动和主题读书活动，积极构建健康向上的校园文化；主动及时地向学校领导、学科教师、班主任、团队干部、管理人员宣传推荐教育教学参考书和各种活动资料。

6.咨询服务：解答读者口头、电话、短信、网络等各种形式的咨询，代读者查找资料，或提供检索途径指导读者查询；广泛搜集各种资料、采集整理网络教育教学动态和前沿信息，为教育教学服务；有条件的应为读者提供文献资料的复印、复制、下载等服务。

7.阅读指导：对学生进行阅读和图书馆知识的教育，培养学生的利用图书馆意识，为学生的可持续发展服务；开设阅读指导课（包括电子阅读指导）、文献检索（包括网络资源检索）、图书馆活动课，并纳入教学计划。发挥育人功能。

8.学术研究：整合学校文化资源，参与校本课程开发；开展图书馆学术理论研究和交流。

后　记

2017年12月，中国图书馆学会阅读推广委员在佛山召开了"阅读推广人系列教材"（第三至七辑）主编会议。承蒙王余光教授、邱冠华馆长、朝华出版社张汉东主任的信任，安排本人负责《中小学图书馆建设与阅读推广》这一教材的编写工作。

在编写教材之前，我做了一些准备工作，主要是力求吃透书名、明确编写意图和组织编写组。中小学图书馆事业，是我国图书馆事业的重要组成部分，在中小学教育教学、科学研究等领域发挥着不可替代的作用。选取这一主题来编写教材，从我个人理解来看，就是要从整个图书馆行业的角度来思考和梳理中小学图书馆事业发展的框架和脉络。编写教材，需要一支既有理论功底又有写作经验的队伍。根据研究领域与特长，我组织了分工明确的编写组。

编写组成员均是图书馆的一线工作人员，他们除了从事繁忙的本职工作之外，还查询翻阅各种资料，积极交流研讨，在业界已有成果的基础之上，尽力实现理论与实践的结合。本教材是编写组全体成员努力付出的成果。各章节的分工情况具体如下：

第一讲：中小学图书馆事业综述，由曹磊（江阴市图书馆）负责；

第二、三讲：业务建设与日常管理，由宫昌俊、陆新强（江阴市图书馆）负责；

第四、五讲：理论与方法、实践与创新，由朱淑华（深圳市南山区图书馆）负责；

第六、七讲：社会合作与国际发展，由张丽（北京语言大学图书馆）负责。

附录：汇集了国内外与中小学图书馆事业相关的法律法规及文件，由曹磊、陆新强（江阴市图书馆）负责。

全书的大纲设计及最终统稿，由宫昌俊（江阴市图书馆）负责。

在教材编写过程中，编写组多次召开研讨和交流活动，及时沟通交流，有力促进了教材按时按质完成的编写任务。

最后，我代表编写组全体成员，感谢中国图书馆学会领导与专家的指导和支持，感谢朝华出版社各位同人的关心和辛劳。

宫昌俊

2019 年 1 月